誤読で恥をかかない漢字脳トレーニング

解りそうで解らない、間違いやすい漢字★問★題

やくみつる

大人の漢字力検定委員会［編］

JN235424

二見書房

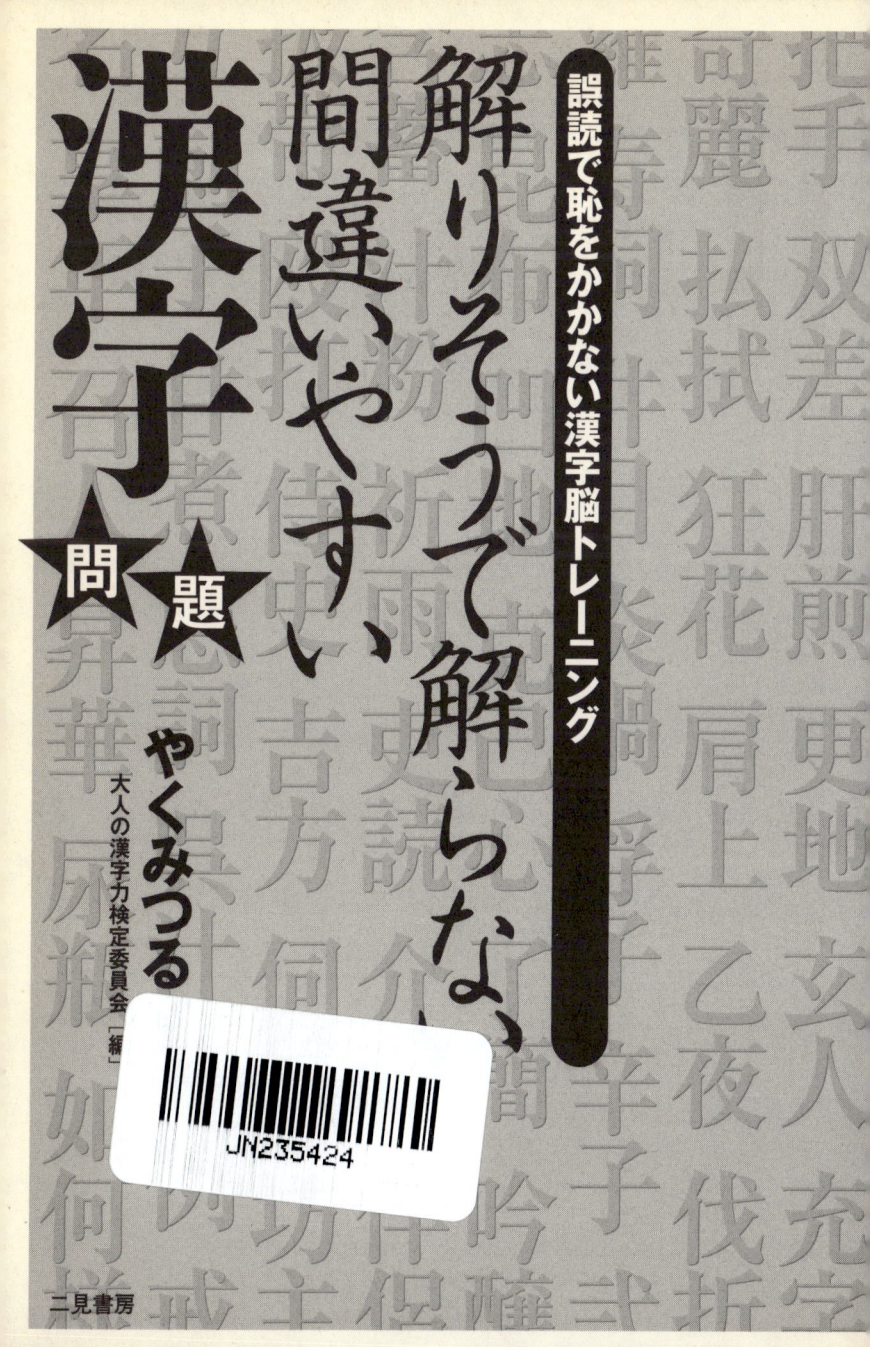

解りそうで解らない間違いやすい　漢字問題　―目次―

第1章　基礎編　小学校6年生までに習った漢字

第2章　応用編　知っておきたい常用漢字2136文字

第3章 特別編 読めれば得する難読漢字と熟語

《この本に掲載された漢字、単語、熟語ついて》

・この本で出題した漢字は、文部科学省の学習指導要領に示された小学校の「学年別漢字配当表」にある1006文字、および常用漢字表にある2136文字をもとに構成しています。

・ただし、単語、熟語の読み方には、常用漢字表やその付表に掲載されていない、慣用的な読みなどが多数含まれています。また、一部の単語、熟語には、常用漢字ではない漢字も使用しています。なかには、日常的にあまり使われていない単語、熟語や表現もありますことを、ご了承ください。

・表記に関しては、複数の辞書、事典類を参考にしていますが、辞書、事典類に掲載された表記、表現、送り仮名などと一致しないものがあります。また、辞書、事典類で掲載している読み方を採用していない単語、熟語もあります。

・人名や歴史的なできごと、歴史的な施設等、伝統的な表現などに関して、本来旧字や異体字で表現されている単語を、常用漢字表に従った表記に置き換えています。また、専門用語や各地の自然、施設等の表現に関して、地域や流派などによって表現が異なる場合がありますが、編集部独自の判断で決定した表記を採用しております。

・中国語の漢字表記で、本来は簡体字、繁体字を使用すべき単語、熟語に関して、常用漢字表に従った表記に置き換えているものがありますことをご了承ください。

編集部

第1章　基礎編

小学校6年生までに習った漢字

見た目は簡単な漢字でも組み合わせしだいでは、読み方は難しくなります。日本語の奥深さを知ってください。

基礎編

まずは、超簡単問題で腕試し。小学校の6年間で学ぶ、教育漢字「1006文字」だけで作った単語や熟語があなたに挑戦します。だからといって、油断は禁物。ひとつひとつの漢字を見れば、子どもでも読める簡単な文字ばかりですが、ふだん使わないような難しい読み方をする単語や熟語があちこち隠れています。「へぇ～、こんな読み方もするんだ」と、ゲーム感覚でお楽しみください。

小学校低学年で習う漢字①

① 日和

② 気色（きしょく ではなく）

③ 五月雨

④ 三十日（さんじゅうにち と言わずに）

⑤ 十八番（じゅうはちばん と言わずに）

⑥ 目深

⑦ 本草

⑧ 野点

⑨ 木立

⑩ 生糸

⑪ 下戸

⑫ 入水

⑬ 名字

⑭ 一日千秋

⑮ 夕星

⑯ 百足

①ひより
ちょうどよい天気。特に、会場の空模様を指す。雲行き。

②けしき
物の表面の様子。概観から受ける感じ。自然界のありさま。

③さみだれ
陰暦五月頃に降り続く長雨。梅雨。転じて、だらだら続く様子を指すようになった。

④みそか
月末。30日が月末になることから、月の最後の日を指す言葉になった。

⑤おはこ
得意とする物事や芸事。歌舞伎十八番の台本を箱に入れていたことから。

⑥まぶか
外から目が隠れて見えないほど深くかぶっているさま。

⑦ほんぞう
植物。特に、薬用のもとになる草をいうが、薬用となる動植物、鉱物を指すようになる。

⑧のだて
貴人が野外で休息すること。野外で茶をたてること、または、野外で行う茶会。

⑨こだち
群がっている木。下ばえのない小さな森。

⑩きいと
蚕の繭を解きほぐした繭糸数本を数条合わせて糸にしたもの。

⑪げこ
酒の飲めない人。律令制で決められた戸のひとつ。

⑫じゅすい
人や物が水に入ること。特に、自殺目的で水の中に身を投げることをいう。

⑬みょうじ
古代日本の氏、または、氏と姓を合わせた名前。家の名前。

⑭いちじつせんしゅう
一日がやたら長く感じられる気持ち。待ち焦がれる気持ち。

⑮ゆうずつ
夕方西の空に見える金星。宵の明星。

⑯むかで
体が細長くて多数の体節に分かれ、各体節に一対ずつ歩脚を持つ、節足動物の一種。

小学校低学年で習う漢字②

① 音頭

② 早生

③ 雨間

④ 白銀（はくぎん ではなく）

⑤ 正目

⑥ 気風（きふう ではなく）

⑦ 人面竹

⑧ 車楽

⑨ 百合

⑩ 校合

⑪ 大豆

⑫ 玉章

⑬ 字面

⑭ 入首

⑮ 小火

⑯ 石女

①おんど
多人数が歌に合わせて踊る歌と踊り。人の先に立って物事をすること、または、その人。

②わせ
同種の作物の中で、通常より早く成熟すること。

③あまあい
雨が一時やんでいる間。【用例】ほんのつかの間の—だった

④しろがね
銀の別称、または、銀色を指す。

⑤まさめ
自分の目で直に見ること。目のあたり。樹心に平行してまっすぐ通った木目。

⑥きっぷ
言動から感じられるその人の気性。特に、思いきりがよく、さっぱりした気性を指す。

⑦ほていちく
九州に自生するイネ科の竹。杖や釣りざおの材料とし、筍は食用となる。

⑧だんじり
おもに、関西の祭礼で使用する車のついた屋根つきの屋台。関東では山車という。

⑨ゆり
温帯を中心に分布するユリ科の多年草の総称。

⑩きょうごう
複数の写本や刊本などを比べ合わせ、内容等の違いを確認し誤りを正すこと。

⑪だいず
夏から秋、紫紅色か白色の蝶形花を開く、マメ科の一年草。若い実は枝豆となる。

⑫たまずさ
手紙。消息。ひねり文。結び文。便りを伝える使者。

⑬じづら
文字の形や文字を並べたときの視覚的な感じ。語句や文章が表面的に示す意味。

⑭しおくび
槍の穂先と柄が接した部分。

⑮ぼや
大きくならないうちに消し止めた火事。小さな火事。

⑯うまずめ、いしめ
子どもの産めない女。妊娠しない女。

小学校低学年で習う漢字③

① 新地

② 工面

③ 科白

④ 細石

⑤ 羽二重

⑥ 弓形 （ゆみがた と言わずに）

⑦ 紙屋紙

⑧ 形相

⑨ 小女子

⑩ 行宮

⑪ 合羽

⑫ 角力

⑬ 公家

⑭ 強力 （きょうりょく ではなくて）

⑮ 魚屋 （さかなや ではなく）

⑯ 声音 （せいおん ではなく）

①さらち
手入れをしていない空き地。すぐに建物が建てられる宅地。

②くめん
物事の手段や方法を実現させる手はずや工夫。金銭を用意すること。算段。才覚。

③せりふ
役者が劇中で話す言葉。人に対する言葉。きまり文句。

④ささらいし、さざれいし
細かい石。小石。【用例】―の巌となりて

⑤はぶたえ、はぶたい
良質の撚りのない生糸で緻密に織った絹布の一種。薄手でなめらかで艶がある。

⑥ゆみなり
弦を張った弓のような形。

⑦こうやがみ、かやがみ
平安時代、紙屋院で製した上質の紙の総称。

⑧ぎょうそう
顔つき。特に、恐ろしい表情の顔つき。顔かたち。

⑨こうなご
イカナゴの別名。体が細長く全長25センチ程になるイカナゴ科の海水魚。

⑩あんぐう、あんきゅう
天皇が行幸したとき、旅先で仮に設けられた御所。仮宮。

⑪かっぱ
雨天の外出時に用いる外套の一種。雨ガッパ。

⑫すまい、すもう
まわしをつけた裸で素手の2人が勝負を争う競技。

⑬くげ
天皇。朝廷、または、朝廷に仕える人々。

⑭ごうりき
力が強いこと。登山者の荷物を背負う人。修験者に従って荷物を運ぶ下男。

⑮ととや
李朝時代の粗製の茶碗の一種で、日本では茶人に好まれた。赤土の上に青茶色の釉がかけられている。

⑯こわね
声の調子。声色。【用例】静かな―で話す

小学校低学年で習う漢字④

① 軽業

② 申楽

③ 漢人（かんじん　ではなくて）

④ 主屋

⑤ 階子

⑥ 員子

⑦ 苦役

⑧ 悪心（あくしん　ではなく）

⑨ 神酒

⑩ 客人（きゃくじん　と言わずに）

⑪ 委曲（いきょく　ではなく）

⑫ 仕度

⑬ 幸先

⑭ 級木

⑮ 真字

⑯ 業火

①かるわざ
綱渡りなどの曲芸。アクロバット。危険な動作をこなすこと。危険を伴う事業や計画。

②さるがく
平安時代の一種こっけいな物まねや言葉芸。能や狂言の古称でもある。

③あやひと、あやんど
古代、大陸から渡来したといわれる帰化人、また、その子孫。

④おもや
敷地内の中心となる建物。一般的に、その家の主人や家族が住む。「母屋」「母家」とも。

⑤はしご
高い所に登るために用いる道具。壁などに立てかけて使用する。「梯子」とも書く。

⑥いんつう
中国から輸入された純良な金銀が転じて、一般的な貨幣のこと。

⑦くえき
辛く苦しい労働や労役。懲役。

⑧おしん
気持ちが悪くて、吐きそうな感じ。吐き気。

⑨みき、みわ
酒の美称。特に、神前に供える酒を指す。

⑩まれびと、まろうど
他から来た人。訪ねて来た人。客。

⑪つばら
詳しいさま。十分なさま。つまびらか。

⑫したく
物事を実行するために必要なものをそろえること。準備。用意。身なりを整えること。

⑬さいさき
良いことが起こる前知らせ。吉兆。物事を行うときの前兆。

⑭しなのき
北海道から九州までの山地に生えるシナノキ科の落葉高木。

⑮まな
仮名に対する漢字のこと。楷書。

⑯ごうか
地獄の罪人を焼く猛火、または、激しい炎。

小学校低学年で習う漢字⑤

① 生る

② 谷まる

③ 前める

④ 力める

⑤ 強か

⑥ 計える

⑦ 空ろ

⑧ 作す（さくす ではなく）

⑨ 点る

⑩ 食む

⑪ 算える

⑫ 用て

⑬ 才かに

⑭ 立ろに

⑮ 長ける

⑯ 文る

①なる
草木の実ができる。結実する。新たに生じる。

②きわまる
極限に達する。限度に至る。

③すすめる
前の方へ動かして位置を移す。前進する。

④つとめる
努力して事を行う。精を出して仕事をする。

⑤したたか
他からの圧力になかなか屈しないさま。程度がはなはだしいさま。

⑥かぞえる
計算する。数や量がそれだけのものになる。

⑦うつろ
中身がなく空っぽのこと。空洞。心が虚脱状態であること。空しいこと。

⑧なす
作る。生み出す。変化する。

⑨ともる
灯りが点く。灯火などに火が点く。

⑩はむ
食物などを口に入れて噛むこと、または、噛んで飲み込むこと。

⑪かぞえる
物事の順番や数量を勘定する。計算する。

⑫もって
ある原因によって。【用例】好意を―歓迎された

⑬わずかに
やっとのことで。かろうじて。

⑭たちどころに
時を移さずすぐに実現するさま。たちまち。すぐさま。

⑮たける
盛りの時期や状態になる。ある方面に優れている。長じる。熟達している。

⑯かざる
手を加えるなどして美しく見せるようにする。美しく施す。装飾する。

小学校低学年で習う漢字⑥

①悪む
②反く
③終に
④和える
⑤注す
⑥係う
⑦温もり
⑧深ける
⑨予て
⑩央ば
⑪具に
⑫礼やか
⑬列なる
⑭勝える
⑮負げる
⑯発く

①にくむ
他人の言動などに強い不快の感情を抱く。憎いと思う。憎悪する。

②そむく
反する。違反する。【用例】約束に―

③ついに
長時間の後、最終的にある結果に達するさま。とうとう。終いに。

④あえる
野菜や魚介類などに、酢や味噌などを混ぜ合わせる。混ぜ返す。

⑤さす
液体をある部分に注ぎ入れる。液体を他の容器などの中に少しずつ加え入れる。

⑥かかずらう
かかわりあいを持つ。関係する。関連がある。

⑦ぬくもり
温かみ。温み。温かみのこもること。温まること。

⑧ふける
時間が経過し事態が深まる。夜が深まる。夜中に近くなる。季節が深まる。「更ける」とも。

⑨かねて
以前から。前もって。予め。かつて。

⑩なかば
中心の部分。【用例】未だ―ならず

⑪つぶさに
詳細に。ことごとく。もれなく。

⑫いややか
うやうやしい様子。礼儀正しいさま。上品な様子。

⑬つらなる
一列に並ぶ。列を作る。列席する。

⑭たえる
感情を抑えて表面に出さないようにする。苦しみや圧迫などをじっと我慢する。

⑮めげる
気力が失われる。負ける。ひるむ。壊れる。欠け損じる。

⑯あばく
中に隠れたものをあらわにする。暴露する。発掘する。「暴く」とも。

10/3

小学校低学年で習う漢字⑦

① 交交

② 点点

③ 深深
（ふかぶか でなくて）

④ 安安

⑤ 油油

⑥ 流流

⑦ 活活

⑧ 強強

⑨ 予予

⑩ 千千

⑪ 細細
（ほそぼそ ではなく）

⑫ 度度
（たびたび ではなく）

⑬ 軽軽
（かるがる ではなく）

⑭ 温温

⑮ 出出

⑯ 習習

①こもごも
いろいろな物事がまじり合っている様子。

②ぼちぼち
物事にゆっくり取りかかるさま。

③しんしん
周囲がひっそりと静まりかえっている様子。
【用例】雪が—と降る

④やすやす
きわめて容易に物事を行うさま。容易に事態が進展する様子。

⑤ゆうゆう
油が反射するように、つやつやと美しいさま。

⑥りゅうりゅう
それぞれの流派や流儀。それぞれの方法。【用例】細工は—

⑦いきいき
活気に満ちたさま。新鮮なさま。

⑧こわごわ
いかにも硬いさま。硬く強張っている。ごわごわしている。

⑨かねがね
以前から。かねてから。あらかじめ。

⑩ちぢ
数が非常に多いこと。たくさん。種類や変化などに富むこと。

⑪こまごま
微細なさま。細かいところまで行き届くさま。

⑫よりより
ときどき。ときおり。
【用例】彼等は—秘密に相語らい

⑬きょうきょう、けいけい
言動や考えなどが軽々しいさま。軽率。

⑭ぬくぬく
温かく気持ちよいさま。満ち足りているさま。

⑮でだし
物事の始まり、または、出始め。すべり出し。

⑯そよそよ
風が静かに心地よく吹くさま。物が静かに触れあってたてる、かすかな音。

10/13

小学校低学年で習う漢字⑧

①何時何時

②三三五五

③男男しい

④曲曲しい

⑤明明白白

⑥図図しい

⑦来来世世

⑧放放

⑨谷谷
（たにだに ではなく）

⑩生生世世

⑪太太しい
（ふとぶとしい ではなく）

⑫区区
（くく ではなく）

⑬苦苦しい

⑭由由しい

⑮丁丁発止

⑯神神しい

①いつなんどき
何時を強めた言葉。【用例】—事故にあうか

②さんさんごご
数人の人たちが連れ立って歩いていくさま。ちらほら。

③おおしい
男らしい、勇ましい様子。

④まがまがしい
不吉である。悪いことが起こりそうである。好ましくない。

⑤めいめいはくはく
非常にはっきりしていて少しの疑いもないさま。

⑥ずうずうしい
厚かましい。図太い。恥を知らない。

⑦らいらいせせ、らいらいよよ
来世のまた次の来世。何度もくり返される未来。未来永劫。

⑧ほうりっぱなし
ずっと放置したままである状態。長い間かまわないこと。

⑨やとやと、やつやつ
多くの谷間。あちらこちらの谷間。

⑩じょうじょうせせ
仏教で、生まれ変わり死に変わりをくり返す多くの世。未来永劫。

⑪ふてぶてしい
大胆不敵。開き直っていて図太い。

⑫まちまち
それぞれに異なること、または、その様子。別々に区切ってあること。

⑬にがにがしい
心の中でおもしろくなく感じる。非常に不愉快である。

⑭ゆゆしい
程度がはなはだしい。重大である。慎むべきである。

⑮ちょうちょうはっし
刀などで打ち合うように、激しく議論をたたかわせ合うさま。

⑯こうごうしい
神聖で気高いさま。尊く厳かなさま。

共通の漢字を見つけられますか①

矢印の方向につなぐと単語ができる漢字は？

例

雲 → 海
近 → 海
公 → 海
海 → 月
海 → 原
海 → 流

できる単語　近海、雲海、公海
海月(くらげ)、海流、海原

❶

海 → □
台 → □
気 → □
□ → 格
□ → 車
□ → 力

❷

本 → □
有 → □
野 → □
□ → 郷
□ → 月
□ → 外

❸

青 → □
晩 → □
立 → □
□ → 分
□ → 眠
□ → 巻

❹

太 → □
落 → □
重 → □
□ → 光
□ → 気
□ → 動

❺

紅 → □
言 → □
松 → □
□ → 桜
□ → 書
□ → 脈

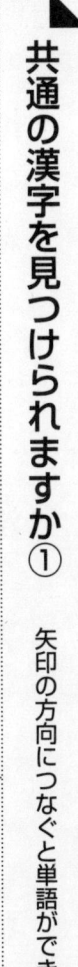

解答

❶

海

台　気

風

気風
（きっぷ、きふう）

格　車

力

❷

本

本望
（ほんもう）

有　野

望

郷　月

外

望月
（もちづき）

❸

青

晩　立

春

分　眠

巻

❹

太

落　重

陽

重陽
（ちょうよう）

光　気

動

❺

紅

言　松

葉

桜　書

脈

葉書
（はがき）

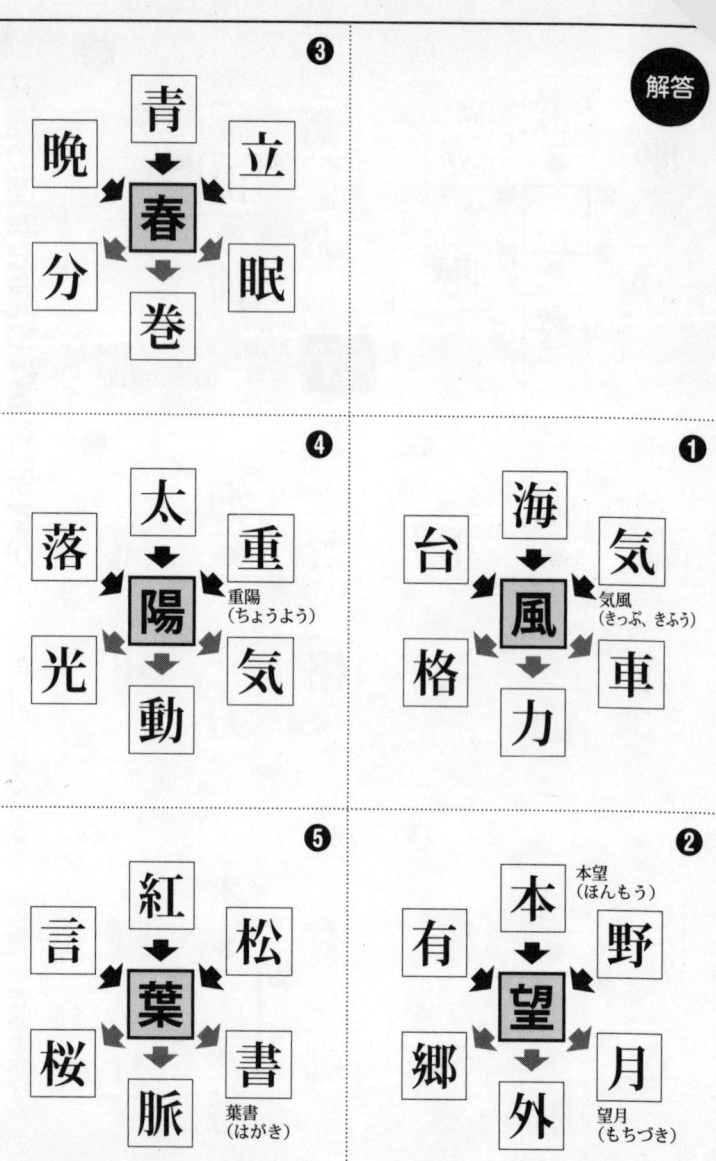

共通の漢字を見つけられますか②

矢印の方向につなぐと単語ができる漢字は？

例

夏・金・高 → 山 → 里・水・腹

できる単語　高山、夏山、金山
山水、山腹、山里

❶

野・白・千 → □ → 目・類・居

❷

星・暗・東 → □ → 母・水・泥

❸

王・毎・明 → □ → 刊・食・市

❹

動・平・安 → □ → 脈・物・止

❺

七・月・後 → □ → 一・明・年

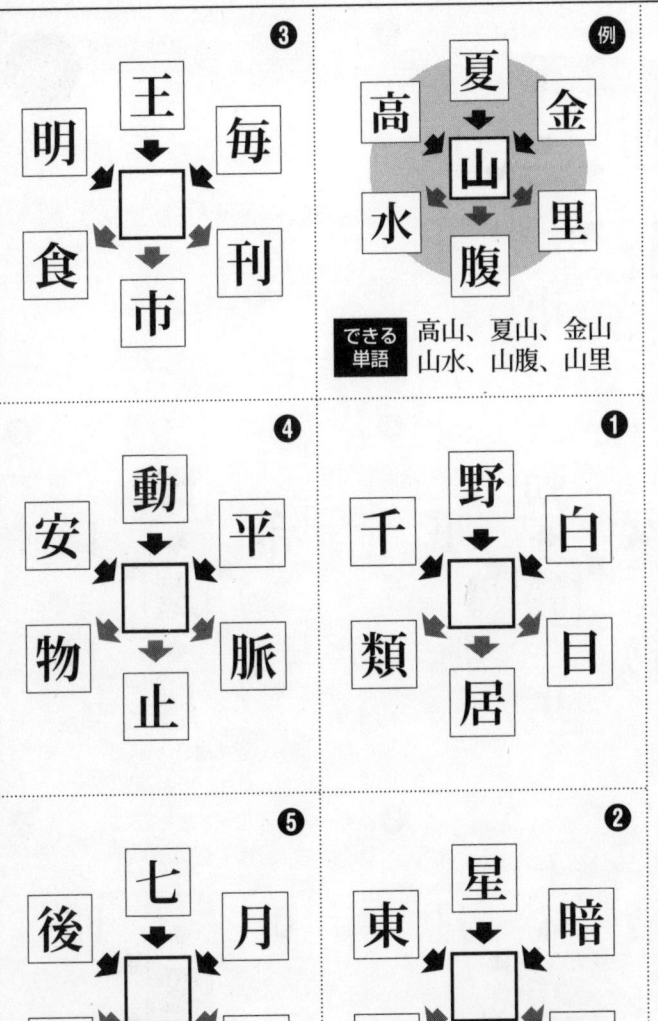

解答

❶

野　千　白

鳥

類　居　目

鳥居（とりい）

鳥目（とりめ、ちょうもく）

❷

星　東　暗

雲

水　泥　母

東雲（しののめ）

雲母（うんも）

❸

王　明　毎

朝

食　市　刊

❹

動　安　平

静

物　止　脈

❺

七　後　月

光

明　年　一

光一（ぴかいち）

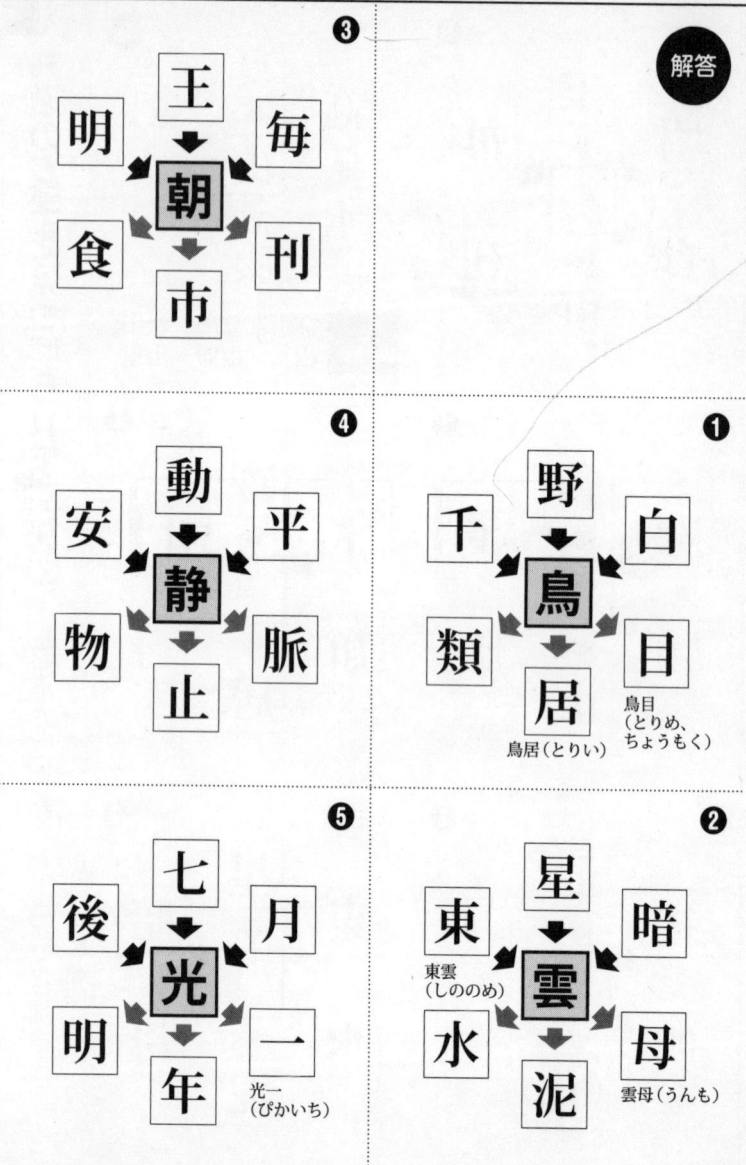

『い』の一番

読みが「い」で始まる単語の中に、違うものも紛れ込みました。「い」で始まらない単語はいくつ？

音呼	海参	否応	漁火
田舎	衣魚	活花	幼気
十六夜	従姉妹	公孫樹	無花果

解答

衣《し》魚《み》のみの1つ

音呼《インコ》
※「鸚哥」とも書く

田舎《いなか》

十六夜《いざよい》

海参《いりこ》
※ナマコの干したもの

衣魚《しみ》

従姉妹《いとこ》

否応《いやおう》

活花《いけばな》

公孫樹《いちょう》
※「銀杏」「鴨脚樹」とも書く

漁火《いさりび》

幼気《いたいけ》

無花果《いちじく》
※「映日果」とも書く

湯湯婆《ゆたんぽ》のような三字単語

「湯湯婆」や「水道水」のように、同じ漢字を持つ三字単語になるよう、リストの漢字をあてはめます。残った二つの漢字でできる三字単語は？

漢字のリスト

大	万	子	口	日	水
文	石	白	夜	金	弟
風	高	馬	段	暗	適

□□中	□灰□
□□的	□不□
□□裏	□地□
□□畑	□語□
□□母	□台□
□□草	□利□
□□一	□車□
□□指	□飛□

解答

弟《おとうと》

弟子《でし》

漢字のリスト

~~大~~ ~~万~~ 子 ~~日~~ ~~日~~ ~~水~~
~~文~~ ~~石~~ ~~白~~ ~~夜~~ ~~金~~ 弟
~~風~~ ~~高~~ ~~馬~~ ~~段~~ ~~暗~~ ~~適~~

石《せっ》灰《かい》石《せき》

適《てき》不《ふ》適《てき》

金《きん》地《じ》金《がね》

文《ぶん》語《ご》文《ぶん》

風《かぜ》台《たい》風《ふう》

口《くち》利《り》口《こう》

馬《ば》車《しゃ》馬《うま》

白《しろ》飛《が》白《すり》

夜《よる》夜《よ》中《なか》

大《だい》大《だい》的《てき》

暗《あん》暗《あん》裏《り》

段《だん》段《だん》畑《ばたけ》

水《みず》水母《くらげ》

日《にち》日《にち》草《そう》

万《まん》万《まん》一《いち》

高《たか》高《たか》指《ゆび》

※中指のこと

見えそうで見えない？

一部が隠れてしまった四字熟語を推理！　四字熟語はすべて例と同じ字並びです。6個の四字熟語は？

例

一期
一会

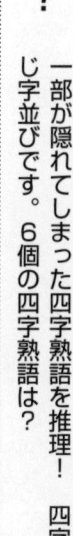

解答

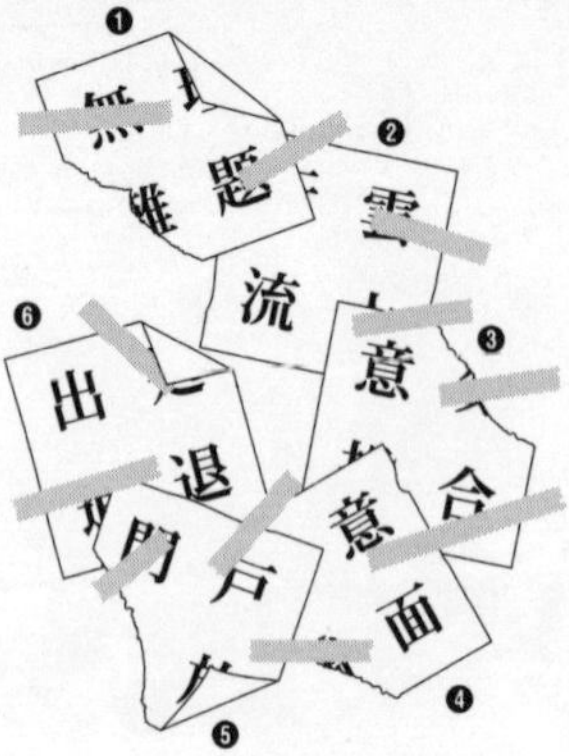

❶ 無《む》理《り》難《なん》題《だい》

❷ 行《こう》雲《うん》流《りゅう》水《すい》

❸ 意《い》気《き》投《とう》合《ごう》

❹ 得《とく》意《い》満《まん》面《めん》

❺ 門《もん》戸《こ》解《かい》放《ほう》

❻ 出《しゅっ》処《しょ》進《しん》退《たい》

ちょっとだけダイエット

例のように、単語のどちらかの漢字から一画だけ減らしてできる別の単語は？

例 流氷《りゅうひょう》 → 流水《りゅうすい》

もととなる単語		1画減らした単語
土手《どて》	→	
連体《れんたい》	→	
天地《てんち》	→	
自前《じまえ》	→	
原本《げんぽん》	→	
夫役《ぶえき》	→	
舌代《ぜつだい》	→	

解答

もととなる単語		1画減らした単語
土手《どて》	→	十手《じって》
連体《れんたい》	→	連休《れんきゅう》
天地《てんち》	→	大地《だいち》
自前《じまえ》	→	目前《もくぜん》
原本《げんぽん》	→	原木《げんぼく》
夫役《ぶえき》	→	大役《たいやく》
舌代《ぜつだい》	→	古代《こだい》

※あいさつや値段表の初めに書くことば

波長がぴったり！

ハチの巣状のマスに、まわりの6つの漢字とで単語ができる漢字をいれ、それらを組み合わせてできる2つの四字熟語は？

例

音 浪 身
路 波 大 長
乱 寒 屋

空いたマスには「波」と「長」が入る

できる単語
音波、波浪　身長（または長身）
波路、大破　長大
波乱、寒波　長屋

温 操 球 電 画 式
液 　 天 　 位 　 単
格 図 本 流 切 統
　 識 　 総 　 宿
票 失 外 配 混 帯
資 　 下 　 情 　 時
暴 完 熱 感 志 共

空いたマスに入る漢字でできる2つの四字熟語は？

解答

意気投合《いきとうごう》と一心同体《いっしんどうたい》

小学校6年間に習う漢字①

① 極意	② 愛弟子	③ 希代（きたい ではなく）	④ 漁火
⑤ 観音	⑥ 欠伸	⑦ 印形	⑧ 健気
⑨ 果物	⑩ 芽子	⑪ 結納（けつのう ではなく）	⑫ 機織（きしょく と言わずに）
⑬ 群雨	⑭ 求肥	⑮ 旗魚	⑯ 菜服

①ごくい
学問や技術などの本質や核心。奥の手。奥義。

②まなでし
特にかわいがっている弟子。

③けったい
奇妙なさま。不思議であるさま。

④いさりび、あさりひ
夜間、魚を集めるために漁船でたく松明や篝火（かがりび）。

⑤かんのん
観世音菩薩の略。【用例】―開きの仏壇

⑥あくび
不随意に起こる一種の呼吸運動。倦怠、疲労、眠けなどの際に起こりやすい。

⑦いんぎょう
印鑑。印影。【用例】―を彫る

⑧けなげ
勇ましいさま。殊勝なさま。しっかりしているさま。

⑨くだもの
木や草の実の中で、多汁で甘味があり食用になるもの。

⑩はぎ
秋、蝶形の花を総状につける、マメ科ハギ属の落葉低木の総称。「萩」とも書く。

⑪ゆいのう、ゆいいれ
婚約成立時に両家が金銭や品物を取り交わすこと、および、その金品。

⑫はたおり
機で布を織ること、または、機を織る人。

⑬むらさめ
激しくなったり、弱くなったり降る雨。にわか雨。

⑭ぎゅうひ
白玉粉を蒸し、白砂糖と水飴を加えて練り固めた、求肥飴の略。

⑮かじき
広く分布する外洋性の大形魚で、メカジキ科とマカジキ科の硬骨魚の総称。

⑯すずしろ
大根の別名。春の七草のひとつ。「清白」とも。

小学校6年間に習う漢字②

①仮字

②現人（あらひと、うつつびと ではなく）

③際物

④財布

⑤演物

⑥寄生木

⑦再従兄弟

⑧許多（きょた と言わずに）

⑨経文

⑩過客

⑪居士

⑫営倉

⑬解夏

⑭逆夢

⑮故里

⑯険難（けんなん と言わずに）

①かな、かじ
万葉仮名を含めた仮名のこと。

②うつせみ
この世。この世に生きている人。

③きわもの
ある時季にだけ売れる品物。小説や映画などで事件や流行をすぐ題材としたもの。

④さいふ
金銭を入れて持ち歩くため布や革などで作ったもの。金入れ。

⑤だしもの
演劇などで上演する作品や種目。演目。

⑥やどりぎ
他の木に寄生する草木のこと。ヤドリギ科の常緑小低木。

⑦はとこ
いとこの子ども。またいとこ。

⑧あまた
数量が多いさま。程度のはなはだしいさま。

⑨きょうもん
仏教の経典、または、その文章。

⑩かかく、かきゃく
旅人。通り過ぎる人。行き来する人。

⑪こじ
学徳が高い隠者。成人男子の戒名の下につける称号のひとつ。

⑫えいそう
罪を犯した軍人を拘禁する兵営内の建物。

⑬げげ、あきげ、かいげ
仏教で、夏安居（げあんご。陰暦7月15日）が終わること。

⑭さかゆめ
事実とは逆の夢、または、実際には逆のことが起こるといわれる夢。

⑮ふるさと
自分の生まれ育った土地。故郷。

⑯けんのん
道や地勢などが険しく進むのが困難な様子。危険だと思うさま。不安になるさま。

小学校6年間に習う漢字③

①干支
②異風（いふう ではなく）
③尺目
④除目
⑤亡者（ぼうしゃ と言わずに）
⑥絹糸（きぬいと と言わずに）
⑦創口
⑧勤行
⑨諸手（しょて ではなく）
⑩供物
⑪権現
⑫納戸
⑬骨頂（鳥の名前です）
⑭装丁
⑮遺言
⑯砂子（すなご と言わずに）

①えと、かんし
十干と十二支、または、その組み合わせ。

②いなさ
南東から吹く風。特に、台風がもたらす強風を指す。

③さしめ
物差の尺度を示した目。
【用例】─盛りの曲尺

④じもく
平安時代以降、大臣以外の諸官職や地方官を任命する儀式。

⑤もうじゃ
死んだ人。死んでも成仏できない魂。金銭や色欲などにとりつかれている人。

⑥けんし
生糸を精練して撚糸にしたもの。

⑦きずぐち
皮膚の表面にある損傷部分。皮膚の破れ目や裂け目。

⑧ごんぎょう
仏道修行をすること。仏前で行う読経や回向など。お勤め。

⑨もろて
左右の手。両手。もろもろの軍隊。

⑩くもつ
神仏や社寺に供える物。お供えもの。

⑪ごんげん
仏が人々を救うために仮の姿をとって現れること、または、その姿をする日本の神。

⑫なんど
衣服や調度品などを収納する部屋。一般的には屋内の物置部屋を指す。

⑬おおばん
北アフリカ、ユーラシア、オーストラリアに分布する、クイナ科の夏鳥。

⑭そうてい
書物などを綴じる表装、または、そのデザイン。

⑮ゆいごん、いごん
死に際に言葉を残すこと、または、その言葉。

⑯いさご
砂、または、石のごく細かいもの。

小学校6年間に習う漢字④

① 易える
② 順う
③ 覚す（かくす、さます ではなく）
④ 象る
⑤ 旧い
⑥ 応に
⑦ 検める
⑧ 殺ぐ
⑨ 周く
⑩ 好み（このみ ではなく）
⑪ 非ず
⑫ 競る
⑬ 歴と
⑭ 協せる
⑮ 質す
⑯ 約しい

①かえる
交換する。引き換える。同種のものを他とやりとりする。

②したがう
順応する。後ろについて行く。あとに続く。任せる。

③さとす
教える。気づかせる。感づかせる。察知させる。

④かたどる
物の形を写し取る。また、ある形に似せて作る。象徴する。

⑤ふるい
長い時間を経ている。遠い昔のことである。古くさい。

⑥まさに
当然、すべきである。きっと、そうだろう。

⑦あらためる
調べる。検する。検分する。吟味する。

⑧そぐ
えぐるようにして削り取る。先を切って尖らせる。奪い去る。省略する。

⑨あまねく
すべてにわたって広く。一般に。

⑩よしみ
親しい交わり、または、それによる親しみや好意。

⑪あらず
違う。そうではない。
【用例】さに—ず

⑫せる
互いに争う。競う。買い手が手に入れようと、争って値段を高くする。

⑬れっきと
世間から認められている確かなもの。

⑭あわせる
力や心を同じくする。
【用例】心を—

⑮ただす
不明な点など明らかにする。問い確かめる。

⑯つましい
質素である。つつましい。

小学校6年間に習う漢字⑤

① 秘か

② 射す

③ 就いて

④ 序で

⑤ 熟す
（じゅくす ではなく）

⑥ 卒ね

⑦ 済す
（すます ではなく）

⑧ 蔵す

⑨ 晩い

⑩ 存える

⑪ 比い

⑫ 除ける
（のける、どける ではなく）

⑬ 勤しむ

⑭ 蒸かす

⑮ 展べる

⑯ 認める
（みとめる ではなく）

①ひそか
人に見聞きされないようにするさま。

②さす
光や色が照る、または、映える。

③ついて
ある事柄に関して、それと限定すること。

④ついで
ある行動や行為に対して一緒に別のことにも利用できる機会。

⑤こなす
物を細かく砕く。食物を消化する。仕事などを上手に処理する。

⑥おおむね
物事の最も重要な部分。大体の趣旨。あらまし。

⑦なす
税や料金など、支払わなければならないものを残らず支払う。完納する。

⑧かくす
物をおおったり、しまい込む。人の目に触れないようにする。

⑨おそい
動作や進行などに時間がかかる。のろい。かなり時が経っている。

⑩ながらえる
長続きする。長く生き続ける。長い時間を経る。

⑪たぐい
同類。仲間。一緒にいるもの。同程度のもの。

⑫よける
脇へ寄る。ぶつからないように避ける。

⑬いそしむ
心をこめて勤め励む。精を出す。

⑭ふかす
水蒸気で熱して温かくする。蒸して軟らかくする。

⑮のべる
物を長く伸ばす、または、広げる。

⑯したためる
書き記す。整理する。片づける。管理する。

小学校6年間に習う漢字⑥

①故故
②程程
③努努
④延延（えんえん ではなく）
⑤適適
⑥益益
⑦染染
⑧易易（いい ではなく）
⑨然然
⑩朗朗（ろうろう、ほがらほがら ではなく）
⑪察察
⑫済済（せいせい、さいさい ではなく）
⑬歴歴（れきれき ではなく）
⑭散散
⑮片片（へんぺん ではなく）
⑯刻刻（こくこく ではなく）

①わざわざ
特にそのためだけに行うさま。しなくてもよいことをさらにするさま。

②ほどほど
ちょうどよい加減。適度。適当。

③ゆめゆめ
決して。断じて。少しも。まったく。

④のびのび
障りなく伸びるさま、または、成長するさま。

⑤たまたま
時おり。時たま。たまに。

⑥ますます
量や程度が一層はなはだしくなる。いっそう増加して。いよいよ。

⑦しみじみ
心に深く染み通るさま。じっと見るさま。

⑧やすやす
きわめて容易に事を行う、または、容易に事態が進展するさま。たやすく。

⑨しかじか
わかりきったことや必要のないことをくり返して省略するときに用いる言葉。

⑩ほのぼの
ほんのり心の暖かさなどが感じられるさま。

⑪さっさつ
非常に細かいところまで物事を明らかにするさま。潔白。汚れのないこと。

⑫すみすまし
事の結末や決済。始末。締めくくり。

⑬ありあり
はっきりと外に現れるさま。明らかに。鮮やかに。

⑭さんざん
散り散りバラバラになるさま。結果や状態が悪くて目も当てられないさま。

⑮かたがたし
一対のものの片方。対になっている物の片方が違っていてそろわないこと。

⑯ぎざぎざ
のこぎりの歯のような細かい刻み目。細かく切れ切れの様子。

小学校6年間に習う漢字⑦

① 往往（おうおう ではなく）
② 果果しい
③ 密密
④ 夫れ夫れ
⑤ 復復
⑥ 初初しい
⑦ 態態
⑧ 傷傷しい
⑨ 律律しい
⑩ 寸断寸断
⑪ 限り限り
⑫ 能能
⑬ 否否
⑭ 総総
⑮ 清清しい
⑯ 熟熟

①いねいね

収支がゼロになること。損得なし。相互の貸借を相殺すること。

②はかばかしい

物事が望ましい方向に順調に進むさま。

③ひそひそ

人に知られないように物事をするさま。他人に聞こえないように小声で話すさま。

④それぞれ

複数の人や物の1人ひとり、ひとつひとつ。おのおの。めいめい。

⑤またまた

またもや。なおも再び。さらに重ねて。

⑥ういういしい

人の言動や態度、物の状態などが、世間ずれしていないで穢れがないさま。

⑦わざわざ

特にそのためだけに行うさま。しなくてもよいことをさらにするさま。

⑧いたいたしい

非常にかわいそうな様子。見ていて気の毒に思う様子。たいへん哀れな様子。

⑨りりしい

ひじょうに賢い。引き締まった様子。「凛凛しい」とも。

⑩ずたずた

細かく切れ切れの様子。

【用例】―に引き裂く

⑪ぎりぎり

限度いっぱいに、それ以上、または、それ以外に余地のないこと。

⑫ようよう、よくよく

念には念を入れて。まったく手落ちがないように。

⑬いやいや、いないいな

強い打ち消しの意を表わす言葉。

⑭ふさふさ

多く集まって垂れ下がっている様子。

⑮すがすがしい

さわやかで気持ちがよい様子。さっぱりとしている。思い切りがよい。

⑯つくづく、つらつら

念を入れて、見たり考えたりするさま。

小学校6年間に習う漢字⑧

数字の漢字が入った単語

① 一葉草

② 二十日草

③ 三十一文字

④ 四方山話

⑤ 五十集

⑥ 六朝

⑦ 七宝

⑧ 八入

⑨ 九十九

⑩ 十重二十重

⑪ 一人法師

⑫ 二布

⑬ 三五月

⑭ 八百万

⑮ 五加

⑯ 九絵

①すみれ
春、濃紫色の花を開く、スミレ属の多年草。

②ぼたん
中国の原産で、5月頃大形の花が咲く、ボタン科の落葉低木。

③みそひともじ
31字で詠むことから名付けられた、短歌のこと。

④よもやまばなし
さまざまな話。種々雑多な話。世間話。雑談。

⑤いさば
江戸時代に、魚市場、魚商人、漁場、漁船、水産加工業者など、共通で用いた言葉。

⑥りくちょう
中国の後漢の滅亡から隋の統一までの間にあった6つの王朝。

⑦しっぽう
仏教での7種の宝。七宝焼き、または、七宝繋ぎの略称。

⑧やしお
カエデの園芸品種。何回も染汁に浸して濃くよく染めること。

⑨つくも
九十九髪の略称。池沼などに生えるカヤツリグサ科の多年草、フトイの別称。

⑩とえはたえ
幾重にも重なること。幾重にも取り囲む様子。

⑪ひとりぼっち
たった1人でいること。身寄り、仲間、相手などがないこと。

⑫ふたの、ふたぬの
並幅の2倍ある布。腰巻。

⑬もちづき
陰暦十五夜の満月。特に、陰暦8月の十五夜の月を指す。

⑭やおよろず
数が限りなく多いこと。無数。

⑮うこぎ
中国原産のウコギ科の落葉低木。根皮は漢方薬の材料になる。

⑯くえ
本州中部以南の沿岸浅所から沖合いの深所の岩礁域にすむ、ハタ科の海水魚。

小学校6年間に習う漢字⑨ 色の漢字が入った単語

① 赤小豆

② 紅型

③ 白面
（はくめん、しろつら ではなく）

④ 茶飯事

⑤ 緑青

⑥ 青鳥

⑦ 黄牛

⑧ 黒布

⑨ 白砂
（しらすな ではなく）

⑩ 茶柱虫

⑪ 緑児
（りょくじ と言わずに）

⑫ 青花魚

⑬ 紅絹

⑭ 黄皮木

⑮ 黒酒

⑯ 赤古里

①あずき、あかあずき
中国原産といわれる、マメ科の一年草。

②びんがた
沖縄で発達した模様染め。１枚の型紙を用いて多彩な染めを施す。

③しらふ
酒を飲んでいない平常の状態。「素面」とも書く。

④さはんじ
珍しくもない日常普通のこと。ごくありふれたこと。

⑤ろくしょう
銅や銅合金の表面に生じる緑色の錆の総称。

⑥うぐいす
東アジアに分布し、上面が緑褐色で腹部が白く、淡色の眉斑があるウグイス亜科の鳥。

⑦あめうし
立派な牛として貴ばれた、飴色の毛色の牛。

⑧くろめ
本州南部から九州の沿岸に生える、コンブ科の海藻。

⑨しらす
鹿児島県と宮崎両県にまたがり分布する白色の火山噴出物。

⑩ちゃたてむし
樹幹などや室内にすむ、チャタテムシ目の昆虫の総称。

⑪みどりご
３歳ぐらいまでの子ども。生まれたばかりの赤ん坊。幼児。

⑫さば
世界中に広く分布する、サバ科の海水魚の総称。

⑬もみ
紅で染めた無地の平絹。和服の袖裏や胴裏などに使う。

⑭わんぴ
中国南部の原産で初夏に黄色い小形の実を結ぶ、ミカン科の常緑小高木。

⑮くろき
新嘗祭や大嘗祭などで、白酒とともに神前に供える黒い酒。黒御酒。

⑯チョゴリ
朝鮮の民族服の上衣。男女ともに用いる。

小学校6年間に習う漢字⑩

向きを示す漢字が入った単語

① 上人

② 外方

③ 東雲

④ 右筆

⑤ 北寄貝

⑥ 内曲

⑦ 近衛

⑧ 下手人

⑨ 天児

⑩ 遠流

⑪ 前張（まえばり　ではなく）

⑫ 南無

⑬ 西北風

⑭ 左程

⑮ 後目

⑯ 地血

①しょうにん
仏道の修行に励み、智徳を備えて深大な慈悲心をそなえている高僧。

②そっぽ
よその方向。別の方。
【用例】―を向く

③しののめ
東の空が明るくなってきた頃。明け方。夜明け。

④ゆうひつ
筆をとって文を書くこと。文筆に長じている者、一般に文官を指す。

⑤ほっきがい
東北地方より北に分布する、ウバガイの別名。

⑥うちわ
家族や仲間など密接な間柄の者。身内。仲間内。

⑦このえ
近衛府、または、その官人の略称。近衛師団、または、近衛兵の略称。

⑧げしゅにん、げしにん
江戸時代の殺人犯。事件の張本人。江戸時代の死刑のひとつ。

⑨あまがつ
幼児の守りとしてそばに置き、凶事を移し負わせる役をさせる人形。

⑩おんる
律令制に定める、罪人を遠方の地に流す流罪のうち最も重いもの。

⑪さいばり
神楽の第二部で歌われる一連の歌の総称。計16曲からなる。

⑫なむ
仏などの名前を呼ぶときに付ける、心からの帰依を表す語。

⑬あなじ、あなぜ
冬の西日本に吹く船の航行を妨げる北西風。

⑭さほど
その程度。それほど。
【用例】―心配することはない

⑮しりめ
顔は手前を向いたまま、目だけで後ろのほうを見ること。

⑯あかね
本州以西の山野に生え、晩夏、多数の淡黄緑色の小花をつけるアカネ科の多年草。

小学校6年間に習う漢字⑪

曜日を示す漢字が入った単語・熟語

① 日計
（にっけい　ではなく）

② 月次
（げつじ　と言わずに）

③ 火傷
（かしょう　と言わずに）

④ 水手
（みずで　ではなく）

⑤ 木皮
（もくひ　と言わずに）

⑥ 金団

⑦ 土肉

⑧ 日輪草
（にちりんそう　と言わずに）

⑨ 月不見月

⑩ 火光
（かこう　ではなく）

⑪ 水綿

⑫ 木綿四手

⑬ 金子
（かねこ　ではなく）

⑭ 土産

⑮ 水針魚

⑯ 日本武尊

①ひばかり
米を売買した者が即日に必ず同額の米を元に戻すこと。ナミヘビ科の小形蛇。

②つきなみ
毎月。月ごと。また、月ごとに決まって行われること。

③やけど
皮膚や粘膜が高温に接した際に起こる焼けただれた傷害。

④かこ、すいしゅ
船頭。船乗り。古くは広く船乗り全般を指したが、江戸時代には下級船員のこと。

⑤こはだ
木の皮。木の肌の意味から言われた。

⑥きんとん
栗や豆などを甘煮したものに薩摩芋などを煮た餡に混ぜた食物。

⑦なまこ
ナマコ類に属する棘皮動物の総称だが、一般には食用にする種を指す。「海鼠」とも書く。

⑧ひまわり
アメリカ原産のキク科の一年草。「向日葵」とも書く。

⑨つきみずづき
五月雨で月が雲に隠れて見えないところからいわれた、陰暦の5月の異称。

⑩かげろう
上昇気流によって空気の密度が入り混じり、通過する光が不規則に屈折する現象。

⑪あおみどろ
水田・沼・池などに糸状体で浮かぶ、ホシミドロ科の緑藻の総称。

⑫ゆうしで
木綿を垂らすこと。木綿で作った四手。（玉串やしめ縄などに垂れ下げるもの）

⑬きんす
金貨、転じて、貨幣一般を指すようになった。

⑭みやげ
旅先などで求め家などに持ち帰る品物。訪問するときに持参する品物。

⑮さより
北海道南部以南の各地の沿岸表層に分布するサヨリ科の海水魚。

⑯やまとたけるのみこと
日本神話に登場する英雄。景行天皇の皇子。

共通の漢字を見つけられますか③

矢印の方向につなぐと単語ができる漢字は？

例

公	花	林
	↓	
→	道	←
↙	↓	↘
順	楽	草

できる単語　公道、花道、林道
道順、道楽、道草

❶

内	熱	産
	↓	
→	□	←
↙	↓	↘
治	船	気

❷

直	推	前
	↓	
→	□	←
↙	↓	↘
出	路	学

❸

麦	地	清
	↓	
→	□	←
↙	↓	↘
場	造	蔵

❹

局	茶	欠
	↓	
→	□	←
↙	↓	↘
台	組	号

❺

縦	真	専
	↓	
→	□	←
↙	↓	↘
笛	断	町

解答

❶

熱

内　　産

湯

治　　気

船

産湯（うぶゆ）

湯気（ゆげ）

❷

推

直　　前

進

出　　学

路

❸

地

麦　　清

酒

場　　蔵

造

麦酒（ビール）

❹

茶

局　　欠

番

台　　号

組

❺

真

縦　　専

横

笛　　町

断

共通の漢字を見つけられますか④

矢印の方向につなぐと単語ができる漢字は？

例

文・説・細・年・白・発 → 明

できる単語　発明、文明、説明
明白、明年、明細

❶

放・三・星・転・出・急 → □

❷

国・詩・劇・声・集・短 → □

❸

対・面・話・合・判・雑 → □

❹

音・街・金・取・脳・石 → □

❺

無・飲・柱・道・畑・紅 → □

解答

❶

放 → 流
三 → 流
急 → 流
流 → 星
流 → 出
流 → 転

流転（るてん）

❷

国 → 歌
詩 → 歌
短 → 歌
歌 → 劇
歌 → 集
歌 → 声

詩歌（しいか）

❸

対 → 談
面 → 談
雑 → 談
談 → 話
談 → 判
談 → 合

❹

音 → 頭
街 → 頭
石 → 頭
頭 → 金
頭 → 脳
頭 → 取

音頭（おんど、おんどう）
街頭（がいとう）
頭取（とうどり）

❺

無 → 茶
飲 → 茶
紅 → 茶
茶 → 柱
茶 → 畑
茶 → 道

飲茶（ヤムチャ）

あやまります、この通り

A～Cの各パネルの漢字を一度ずつ使って、それぞれ「土」、「下」、「座」を持つ4つの三字単語を作ります。使われなかった漢字でできる三字単語は？

A

波	産	姿
話	石	性
骨	用	流

➡

土	性	骨
土		
土		
土		

B

町	門	地
鉄	手	城
生	低	口

➡

	下	
	下	
	下	
	下	

C

鳥	学	名
勢	画	芸
術	文	白

➡

		座
		座
		座
		座

ABCで使われなかった
漢字でできる単語は？

解答

低《てい》姿《し》勢《せい》

A

波	産	姿
話	石	性
骨	用	流

→

土	性	骨	どしょうぼね
土	石	流	どせきりゅう
土	用	波	どようなみ
土	産	話	みやげばなし

B

町	門	地
鉄	手	城
生	低	口

→

地	下	鉄	ちかてつ
門	下	生	もんかせい
口	下	手	くちべた
城	下	町	じょうかまち

C

鳥	学	名
勢	画	芸
術	文	白

→

文	学	座	ぶんがくざ
名	画	座	めいがざ
白	鳥	座	はくちょうざ
芸	術	座	げいじゅつざ

さて、どっち？

大流行した「ある・ないクイズ」の漢字版です。じっくり考えて「ある」、または「ない」で答えましょう。

問A
虫にはあるが鳥にはない
里にはあるが山にはない
守にはあるが戦にはない
師にはあるが親にはない
王にはあるが君にはない
骨にはあるが肉にはない

それでは寺には、ある・ない？

問B
望にはあるが希にはない
秋にはあるが冬にはない
泉にはあるが野にはない
親にはあるが友にはない
録にはあるが写にはない
詩にはあるが歌にはない

それでは星には、ある・ない？

解答

問A **ない**

「犭（けものへん）」を加えた漢字があるかどうかです。

虫➡独	里➡狸*	守➡狩
師➡獅*	王➡狂*	骨➡猾*

＊小学校で習う漢字ではありません

問B **ある**

曜日を表す漢字が中にあるかどうかです。

望➡月	秋➡火	泉➡水
親➡木	録➡金	詩➡土
星➡日		

ある？ない？

引き続き「ある・ないクイズ」の漢字版です。じっくり考えて、「ある」または「ない」で答えてみましょう。

問A

長所にはあるが欠点にはない
乳母にはあるが子守にはない
現実にはあるが理想にはない
口火にはあるが行火にはない
旗手にはあるが選手にはない
女王にはあるが天皇にはない

それでは規定には、ある・ない？

問B

帰郷にはあるが上京にはない
沿道にはあるが宿場にはない
勝負にはあるが試合にはない
船団にはあるが＊艦隊《かんたい》にはない
胃腸にはあるが心臓にはない
垂線にはあるが直線には無い

それでは愛妻には、ある・ない？

＊小学校で習う漢字ではありません

解答

問A　ある

二字の漢字を入れ替えた熟語があるかどうかです。

長所➡所長　　乳母➡母乳

現実➡実現　　口火➡火口

旗手➡手旗　　女王➡王女

規定➡定規《じょうぎ》

問B　ない

同じ読みの植物（作物を含む）があるかどうかです。

帰郷➡桔*梗*　　沿道➡豌*豆

勝負➡菖*蒲*　　船団➡栴*檀*

胃腸➡銀杏*・公孫樹

垂線➡水仙

＊小学校で習う漢字ではありません

私たちはクラスメイトです

①〜⑩の三字単語の□に漢字を埋め、復元します。それらの漢字にある共通点を推理し、同じ法則でできる三字単語は？

① 火□帯

② 原寸□

③ □葉集

④ 唐辛□

⑤ 裏□家

⑥ □場株

⑦ 広□路

⑧ □味線

⑨ 手弱□

⑩ 鉄□所

答えの共通点と同じ法則で
三字単語を完成させましょう！

□真似

解答

口《く》真《ち》似《ま》《ね》

① 火 山 帯

② 原 寸 大

③ 万 葉 集

④ 唐《とう》辛《がら》子《し》

⑤ 裏 千 家

⑥ 上 場 株

⑦ 広《ひろ》小《こう》路《じ》

⑧ 三《しゃ》味《み》線《せん》

⑨ 手《た》弱《おや》女《め》

⑩ 鉄 工 所

共通点は「3画の漢字」です

口 真 似

情緒豊かな日本です

渦巻き型の3つのパネルにピースをうまく埋める、単語のシリトリです。□のマスが単語と単語のつなぎ目です。ピースは回転させず使います。A～Dのマスに入った漢字でできる四字単語は？

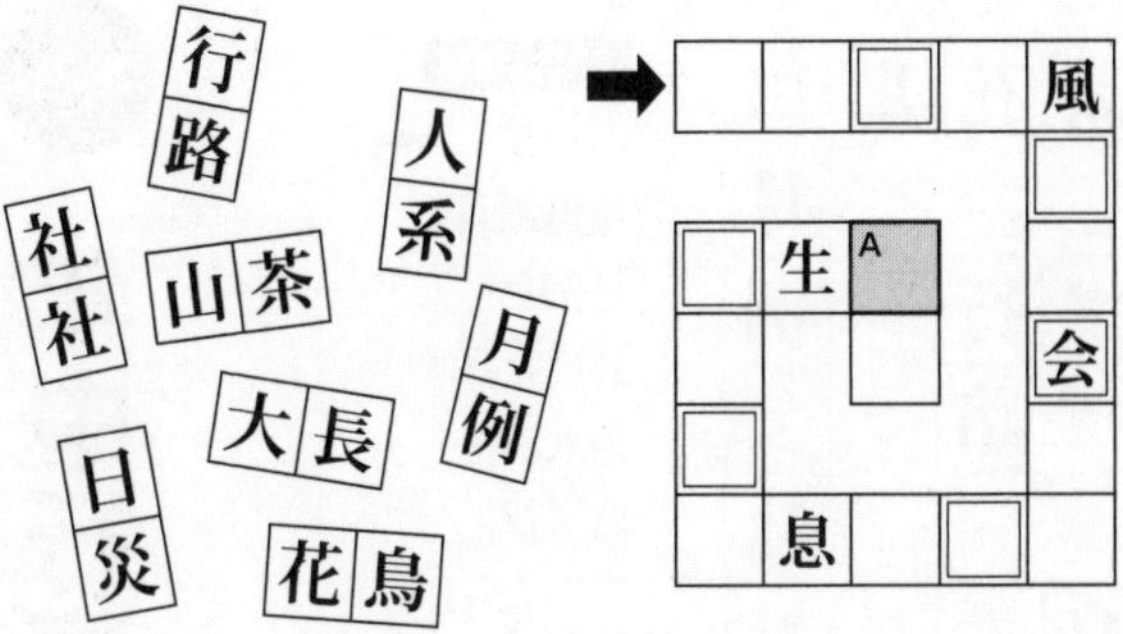

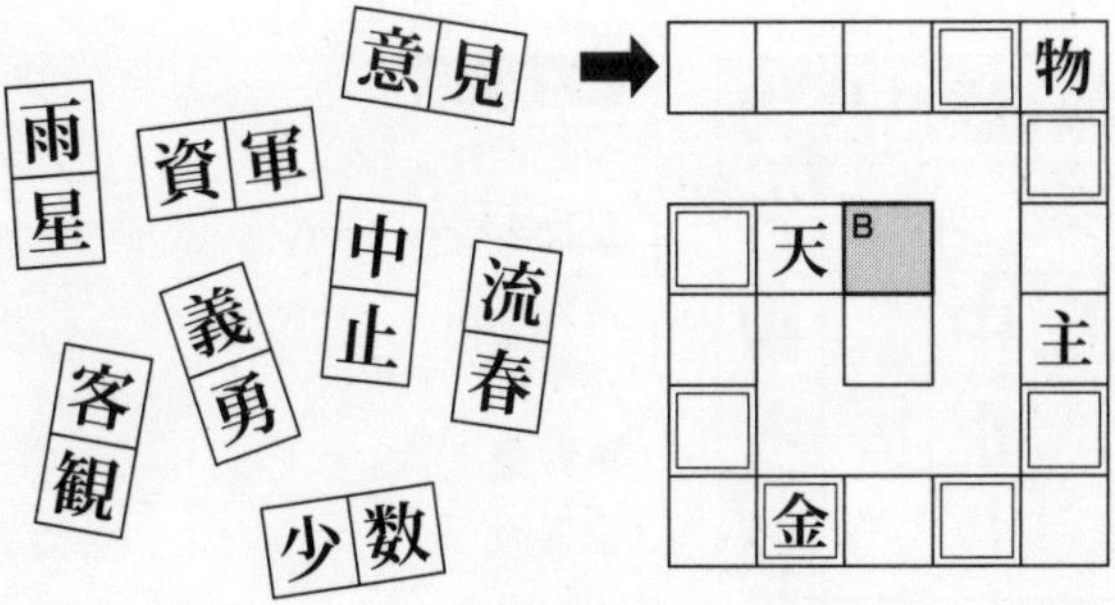

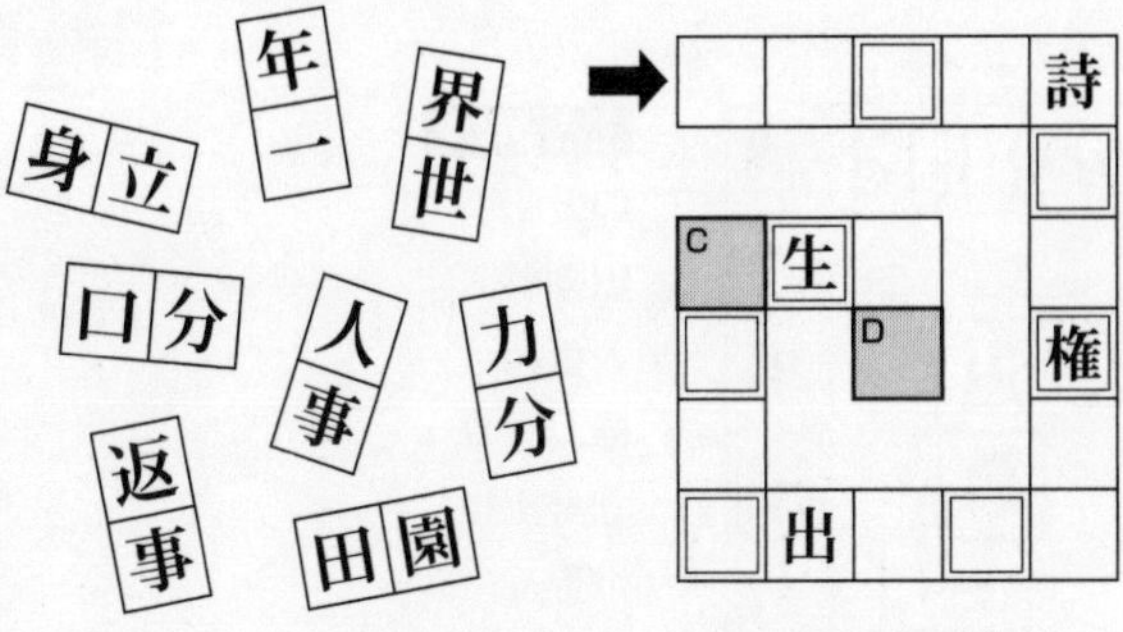

A～Dを並べ替えてできる四字単語は？

解答

年中行事《ねんじゅうぎょうじ》

➡ 山	茶	花	鳥	風
				月
人	生	A 行		例
系		路		会
日				社
災	息	大	長	社

できる単語

山茶花《さざんか》
花鳥風月
月例会
会社社長
長大息《ちょうたいそく》
息災日
日系人
人生行路《じんせいこうろ》

➡ 少	数	意	見	物
				客
雨	天	B 中		観
星		止		主
流				義
春	金	資	軍	勇

できる単語

少数意見
見物客
客観主義
義勇軍
軍資金
金春流《こんぱるりゅう》
流星雨
雨天中止

➡ 口	分	田	園	詩
				人
C 年	生	返		事
一		事 D		権
界				力
世	出	身	立	分

できる単語

口分田《くぶんでん》
田園詩人
人事権
権力分立
立身出世
世界一
一年生
生返事《なまへんじ》

これぞ、和魂洋才語！

カタカナ語をじっくり眺めていたら、中に単語が！　例のようにリストの単語を空ランに入れ、カタカナ語を完成させましょう。リストに残った単語は？

例　ス□ → ス気風（スキップ）

熟語のリスト

運転　祖父　五体　夫妻　歌詞
牧師　全都　寄生　再演　海女
自伝　語意　神父　細工　居留守

□ル　　□ング

□ス　　エ□スト

ロ□プ　　マ□バイク

ア□ア　　アク□リン

プレ□　　イ□ラボン

リ□ル　　マ□トーン

レ□ス　　ライ□クル

リストに残った単語は？

解答

寄生《きせい》

熟語のリスト

~~運転~~ ~~祖父~~ ~~五体~~ ~~夫妻~~ ~~歌詞~~
~~牧師~~ ~~全都~~ 寄生 ~~再演~~ ~~海女~~
~~自伝~~ ~~語意~~ ~~神父~~ ~~細工~~ ~~居留守~~

神父《シンプ》ル　牧師《ボクシ》ング

再演《サイエン》ス　エ語意《ゴイ》スト

ロ五体《ゴタイ》プ　マ運転《ウンテン》バイク

ア歌詞《カシ》ア　アク海女《アマ》リン

プレ全都《ゼント》　イ祖父《ソフ》ラボン

リ細工《サイク》ル　マ居留守《イルス》トーン

レ自伝《ジデン》ス　ライ夫妻《フサイ》クル

2つの漢字はどんな関係？

A群の漢字は共通の法則でB群の漢字に変化しています。同じ法則を使って「兵」を変身させると？ ヒントは読み方にあり！

A群		B群
帳	→	鳥
電	→	今
階	→	岸
政	→	的
銅	→	姉
兵	→	〇

解答

角《つの》

（最初と最後の読み音がB群の単語になります）

A群		B群
帳《とばり》	→	鳥《とり》
電《いなずま》	→	今《いま》
階《きざはし》	→	岸《きし》
政《まつりごと》	→	的《まと》
銅《あかがね》	→	姉《あね》
兵《つわもの》	→	角《つの》

ちょっと『マ』抜けな単語です

Aの単語の読みから「マ」を抜いた読みになる語句をBから探しましょう。Aの単語でBにないものはどれ？

例 名前《ナマエ》➡苗《ナエ》

A群		B群
巻貝	➡	酸
年増		個
新米		守宮
迷子		今日
今様		故意
山守		危害
発条		総統
京間		真意
独楽		以後
生意気		医用
氷下魚		点線
伝馬船		都市
秋刀魚		内規
走馬灯		？

A群	（読み）		B群	（読み）
巻貝	マキガイ	➡	危害	キガイ
年増	トシマ	➡	都市	トシ
新米	シンマイ	➡	真意	シンイ
迷子	マイゴ	➡	以後	イゴ
今様	イマヨウ	➡	医用	イヨウ
山守	ヤマモリ	➡	守宮	ヤモリ
発条	ゼンマイ	➡	なし	
京間	キョウマ	➡	今日	キョウ
独楽	コマ	➡	個	コ
生意気	ナマイキ	➡	内規	ナイキ
氷下魚	コマイ	➡	故意	コイ
伝馬船	テンマセン	➡	点線	テンセン
秋刀魚	サンマ	➡	酸	サン
走馬灯	ソウマトウ	➡	総統	ソウトウ

解答

発条《ぜんまい》
⇩
『マ』を抜くと「善意《ぜんい》」になる

3つ集まると…？

例のように4つの漢字のうち3つを組み合わせて1つの漢字を作り、⬇の先のマスに入れ、二字単語を作ります。A・Bの各グループで使われなかった文字を同じように組み合わせた漢字でできる単語は？

例　会糸今心 ⬇ 総会

A群

木大竹目 ⬇ □庭

王耳口米 ⬇ □夜

頁牛刀角 ⬇ □熱

B群

水糸木白 ⬇ □路

日見心立 ⬇ □見

言寸立土 ⬇ □歌

？ ➡ □□ ⬅ ？

A群とB群で余った漢字でできる単語は？

A群	B群	解答
木大竹目 → 箱庭	水糸木白 → 線路	親類《しんるい》
王耳口米 → 聖夜	日見心立 → 意見	
頁牛刀角 → 解熱	言寸立土 → 詩歌	

A群で未使用の漢字

類 → 親類 ← 親

大＋米＋頁

B群で未使用の漢字

木＋見＋立

古都の名勝

例のように、3つの三字単語を作りましょう。中央の太いワクのマスに入った9つの漢字を使ってできる、奈良市と京都市の名勝地（どちらも4字）二か所は？

例

客		緑
観	光	地
的		帯

できる三字単語
客観的
緑地帯
観光地

❶

上		人
	□	
身		劇

❷

不		定
	□	
議		券

❸

力		水
	□	
足		線

❹

牧		始
	□	
地		式

❺

紙		人
	□	
重		院

❻

英		委
	□	
話		長

❼

善		座
	□	
策		会

❽

苦		祝
	□	
生		日

❾

鉄		熱
	□	
巻		魚

中央に入る9つの漢字でできる名所2カ所は？

解答

春日大社《かすがたいしゃ》〔奈良市〕と円山公園《まるやまこうえん》〔京都市〕

❶

上		人
半	円	形
身		劇

❷

不		定
思	春	期
議		券

❸

力		水
不	公	平
足		線

❹

牧		始
草	野	球
地		式

❺

紙		人
一	大	事
重		院

❻

英		委
会	社	員
話		長

❼

善		座
後	日	談
策		会

❽

苦		祝
学	園	祭
生		日

❾

鉄		熱
火	山	帯
巻		魚

第2章　応用編

知っておきたい常用漢字2136文字

新聞、雑誌などでふだんから使われる漢字ばかりで構成してみました。読めないと恥をかくことも……

達 須 清 紀 健 霧 愛 河 小 爽 勉 顕 華 踊

応用編

「お次は、日本人なら読めて当たり前と言われてしまう、常用漢字「２１３６文字」に挑戦。これらの常用漢字のほとんどは、小中学校の国語で習うことになっていますから、「こんな漢字見たことない」とは言わせません。とはいっても、常用漢字だけしか使っていないのに、こんなに不思議な単語や熟語があるのかと思うほど、日本語の世界は奥深いものです。さあ、未知なる世界の扉を開けて、漢字の魅力を満喫しましょう。」

常用漢字に挑戦①

① 把手

② 双差

③ 肝煎

④ 更地

⑤ 玄人

⑥ 充字

⑦ 奇麗

⑧ 払拭

⑨ 徒花

⑩ 肩上（かたあげ と言わずに）

⑪ 乙夜

⑫ 伐折羅

⑬ 寿詞（じゅし と言わずに）

⑭ 井目

⑮ 依学

⑯ 浮子

①とって、はしゅ
手で持つのに便利なように器物や家具などに取り付けた部分。つまみ。ハンドル。

②もろざし
相撲で、相手の両脇に両腕を差し入れて組むこと。二本差し。

③きもいり
あれこれ世話をすること、または、斡旋すること。世話役。

④さらち
建造物などが建っていない、まっさらな状態の宅地。手入れをしない土地。空き地。

⑤くろうと
技芸など、ひとつのことを職業、専門としている人。専門家。

⑥あてじ
漢字本来が持つ意味に関係なく、音や訓だけを借りて単語の表記に当てる用法。

⑦きれい
色や形などが美しく華やかなさま。麗しいさま。

⑧ふっしょく
払い拭うこと。すっかり拭い去ること。

⑨あだばな
咲いても実を結ばずに散る花から転じて結果を伴わない物事。

⑩わたがみ
鎧や具足の胴の両肩に懸ける部分。頭の後ろの部分。後ろ髪。

⑪いつや
古代の中国で5つに分けた夜のひとつ。午後9時頃から11時頃を指す。

⑫ばざら
硬くてどんなものでも砕く鉱物。金剛石。

⑬よごと、ほぎごと
天皇の御代の長く栄えることを祝う言葉。祝いの言葉。

⑭せいもく
囲碁の盤面に記された9つの黒い点。

⑮えがく
仏教の世界で、教義を信仰のためではなく学問研究の対象として学ぶこと。

⑯うき
水に浮かべて目印とするもの。釣り糸などにつける。

常用漢字に挑戦②

① 辛子

② 弐志

③ 昆布

④ 凹地（おうち と言わずに）

⑤ 克己心

⑥ 了簡

⑦ 吟醸

⑧ 含蓄

⑨ 汁粉

⑩ 虎落笛

⑪ 吏読

⑫ 孔雀貝

⑬ 斗組

⑭ 扱帯

⑮ 奴詞

⑯ 床杯

①からし
カラシナの種子を粉にした香辛料。

②じし
主君や仲間にそむこうとする気持ち、謀反を起こそうとする気持ち。二心。

③こんぶ
主に東北地方や北海道の沿岸に分布するコンブ科の褐藻の総称。

④くぼち
周囲より低く下がっている土地。くぼんだ土地。

⑤こっきしん
自己に打ち勝つ心。欲望を抑制する意志。

⑥りょうけん
よく考えて検討すること。思慮。分別

⑦ぎんじょう
よく吟味した原料で、酒、醤油などを丁寧に醸造すること。

⑧がんちく
含み持っていること。表面に現れない深い意味や内容のある言葉。

⑨しるこ
水でのばした小豆餡に砂糖を加えて煮、餅や白玉団子などを入れた食物。

⑩もがりぶえ
冬の強い風が柵や竹垣に吹きつけて、笛のような音をだすことをいう。

⑪りと、りとう
古代朝鮮で、漢字の音、訓を借りて言葉を表現した方法。

⑫くじゃくがい
房総半島以南の潮間帯に分布し岩礁に群生する、イガイ科の二枚貝。

⑬ますぐみ
障子や欄間などの骨組を四角形に組むこと、または、四角く組まれたもの。

⑭しごき
一幅の布を適当の長さに切り、そのましごいて用いる帯。抱え帯。

⑮やっこことば
江戸時代、武家に仕えた奴や、侠客などが使っていた特殊な荒々しい言葉づかい。

⑯とこさかづき
婚礼の夜、新婚夫婦が床に入る前に杯をとりかわし、酒を飲む儀式。

常用漢字に挑戦③

① 肌骨

② 伺候（しこうではなく）

③ 坊主

④ 丹色

⑤ 刺子

⑥ 朴歯

⑦ 忌詞

⑧ 呉汁

⑨ 凡例

⑩ 戒名

⑪ 享年

⑫ 召人

⑬ 昇華

⑭ 尿瓶

⑮ 如何様

⑯ 扶持

①きこつ
肌と骨のこと。転じて、全身を指す。

②さもらい
様子をうかがうこと。待機すること。

③ぼうず
僧。髪の毛がないか短く刈った頭。表面を覆うものがないさま。

④にいろ
丹（顔料に用いる赤土）の色。丹のような赤い色。

⑤さしこ
綿布を重ね合わせて一面に細かく刺し縫いしたもの。

⑥ほおば
朴の木の木材でぶ厚く作った下駄の歯、または、朴歯を入れた下駄のこと。

⑦いみことば
宗教上の理由や不吉なことを連想させないため、忌み慎んで言わない言葉。

⑧ごじる
柔らかくした大豆をすりつぶしたものを入れた汁もの。

⑨はんれい
書物の編述の目的、方針、書中の約束事などを示したもの。

⑩かいみょう
出家者や在家者に与えられた法名。僧が死者につける法名。

⑪きょうねん
死亡時の年齢。この世に生存した年数。寿命。

⑫めしゅうど、めしびと
宮中の歌会始めで和歌を詠む人。舞楽をするために呼ばれた人。

⑬しょうか
固体が液体にならずに直接気体になる現象、または、その反対の現象。

⑭しびん
寝所などで寝たまま小便をするのに用いる容器。

⑮いかさま
いかにも本当らしく見せかける様子や行為。インチキ。「いかよう」とも読む。

⑯ふち
援助すること。主君が家臣に給与した俸禄、または、俸禄を支給して臣下とすること。

常用漢字に挑戦④

①拍つ

②屯する

③窃む

④拐かす

⑤朱い

⑥凡て

⑦威す

⑧如し

⑨巧い

⑩懲りる

⑪忙しい（いそがしい と言わずに）

⑫虐める

⑬吐かす（はかす ではなく）

⑭秀でる

⑮妄り

⑯侍る

①うつ
手をたたく。手拍子をうつ。拍手する。

②たむろする
一か所に大勢の人が集まる。

③ぬすむ
他人の金銭や物品などをこっそり取る。くすねる。

④かどわかす
誘拐する。人を無理やりに、または、だまして連れ去る。

⑤あかい
朱色、または、橙色をしている。

⑥すべて
物事の全部。ことごとく。おおよそ。全然。

⑦おどす
糸や革でつづり合わせる。相手を恐れさせる。驚かす。

⑧ごとし
それと同様である。ある物事をたとえる例示。

⑨うまい
上手である。【用例】あの人はカラオケが―

⑩こりる
失敗などによって二度とやるまいと後悔する。

⑪せわしい
忙しくて休む間もない。気がせいて落ち着かない。

⑫いじめる
弱い者に苦痛を与える。つらく当たる。

⑬ぬかす
相手を卑しめてしゃべる言葉。ほざく。

⑭ひいでる
他よりも優れている。抜きん出る。目立つ。立派である。

⑮みだり
秩序を無視している様子。むやみやたら。

⑯はべる
かしこまって、ある席などにいる。つき従っている。

常用漢字に挑戦⑤

① 湿る
（しめる と言わずに）

② 聴す

③ 淡す

④ 顕す

⑤ 翻れる

⑥ 漫ろ

⑦ 傾れる

⑧ 普く

⑨ 豪い

⑩ 随に

⑪ 濫り

⑫ 痴がましい

⑬ 漫り

⑭ 寡し

⑮ 鈍ましい

⑯ 賢しら

①しとる
湿る。湿り気をおびる。しっとり濡れる。

②ゆるす
希望や要求などを聞き入れる。そうすることを認める。

③あわす
柿の渋を抜く。【用例】焼酎で―

④あらわす
善行などを広く世間に知らせる。

⑤こぼれる
液体などの物体が容器などからあふれ出る。隙間などから漏れ落ちる。

⑥そぞろ、すずろ
あてもないさま。理由や目的のないさま。漫然。

⑦なだれる
傾斜する。斜めに崩れ落ちる。崩壊する。

⑧あまねく
一般に。広く。【用例】―知れ渡る

⑨えらい
物事の状態が普通ではないさま。はなはだしい。ひどい。

⑩まにまに
他の意志や事態の成り行きに任せて行動するさま。ままに。

⑪みだり
秩序を無視している様子。むやみやたら。

⑫おこがましい
差し出がましい。生意気だ。身の程をわきまえていない。馬鹿げている。

⑬みだり
秩序を無視するさま。道理がたたないさま。むやみやたら。

⑭すこし
数量や程度が小さいさま。わずかに。

⑮おぞましい
いやな感じがするほど馬鹿らしい。愚かしい。

⑯さかしら
賢人らしくふるまうこと。物知りぶること。

常用漢字に挑戦⑥

①更更

②偶偶

③呉呉

④刺刺

⑤緊緊

⑥湿湿

⑦井井

⑧遂遂

⑨洞洞

⑩却却

⑪繁繁

⑫摩摩

⑬抑抑

⑭兼兼

⑮窃窃

⑯滴滴（てきてき ではなく）

①さらさら
いっそう。ますます。少しも。

②たまたま
稀ではあるが何度かあること。時おり。

③くれぐれ
くり返し念を押すさま。ねんごろに。

④いらいら
刺草（イラクサ）の別名。刺などがたくさん出ているさま。

⑤ひしひし
切実に感じるさま。隙間がないさま。猶予や容赦のないさま。

⑥じめじめ
ひどく湿気を帯びて、不快、不潔、陰気な感じのするさま。

⑦せいせい
秩序正しく整っているさま。境目の正しいさま。

⑧とうとう
ついに。やっと。いよいよ。

⑨ほらほら
中がうつろで空間のあるさま。

⑩なかなか
かえって、むしろ。無論。すこぶる。

⑪しげしげ
回数が多い。ひんぱんである。物をよくよく見るさま。

⑫すれすれ
互いにいがみ合う仲の悪いさま。摩擦の多いこと。

⑬そもそも
改めて事柄を説き起こすことを示す。さて。発端。

⑭かねがね
以前から。あらかじめ。かねてより。

⑮こそこそ
こっそり。人目につかないように物事をする様子。かすかに音のするさま。

⑯たらたら
液体が続けてしたたり落ちるさま。

常用漢字に挑戦⑦

① 懲り懲り	② 猛猛しい	③ 唯唯諾諾	④ 忌忌しい（いまいましい ではなく）
⑤ 愚図愚図	⑥ 離れ離れ（はなればなれ ではなく）	⑦ 禍禍しい	⑧ 奇奇怪怪
⑨ 仰仰しい	⑩ 華華しい	⑪ 猶猶	⑫ 雄雄しい
⑬ 怖ず怖ず	⑭ 虚虚実実	⑮ 津津	⑯ 某れ某れ

①こりごり
ひどい目にあって二度とやるまいと深く思うこと。

②たけだけしい
気性や行動などが、たいそう勇ましく強い。ずうずうしい。

③いいだくだく
少しも逆らわずに相手の言いなりになるさま。

④ゆゆしい
触れてはならない。はばかるべき。重大な。容易ならない。

⑤ぐずぐず
動作などがのろのろしたさま。物の言い方がはっきりしない様子。

⑥かれがれ
男女の交際が疎遠であるさま。

⑦まがまがしい
不吉である。好ましくない。いかにももっともらしい。

⑧きかいかい
非常に怪しく不思議なこと。きわめて奇怪なこと。

⑨ぎょうぎょうしい
大げさである。仰山である。たいそうである。

⑩はなばなしい
華やかである。派手やかである。みごとである。

⑪なおなお
まだやっぱり。やっぱり元通り。

⑫おおしい
男らしい、勇ましい様子。

⑬おずおず
緊張や恐れでためらっている様子。恐る恐る。

⑭きょきょじつじつ
相手の隙を狙って計略や秘術を尽くしてわたりあうこと。

⑮しんしん
次々とあふれ出るさま。絶えずわき出るさま。
【用例】興味―

⑯それぞれ
複数の物のひとつひとつ。一人ひとり。おのおの。

常用漢字に挑戦⑧ 自然を示す漢字が入った単語

① 空穴
② 泉下
③ 河馬
④ 海神（かいじん とは言わずに）
⑤ 山女魚
⑥ 野羊（のひつじ ではなく）
⑦ 湖尻
⑧ 湾刀
⑨ 沢山
⑩ 谷行
⑪ 川骨
⑫ 沼田
⑬ 島門
⑭ 池溝
⑮ 岬角
⑯ 浜堤

①からけつ
金銭や財産などまったく何もないこと。無一物。

②せんか
黄泉の下を指すことから、死後、人の行くというところ。あの世。

③かば
アフリカの川や湖沼などにすむカバ科の哺乳類。

④わたつみ、わたがみ
海を司る神。その神がいる大海も指す。

⑤やまめ
サケ科の一種であるサクラマスが、海に出ず河川に残った個体のこと。

⑥やぎ
羊に似ているが、尾が短く、雄はあごひげを持つウシ科の哺乳類。

⑦こじり
湖の水が河川となって流出する場所。

⑧のたれば
波がうねるような曲線になった日本刀の刃文の一種。

⑨たくさん
数量的に多いこと。多数。多量。

⑩たにこう
修験者が峰入りするとき、病人の同行者を掟によって谷に突き落として行くこと。

⑪こうほね
6月から9月に黄色の花を咲かせるスイレン科の多年草。

⑫ぬた
沼のように泥ぶかい田。泥地。

⑬しまと
島と島、または、島と陸地との間にある狭い水路。

⑭うなて
田にひく用水を通す溝や水路。

⑮こうかく
岬の別名。【用例】船艦突如として山東—を掠め

⑯ひんてい
砂浜海岸の波打ち際に平行して連なる低い砂礫の高まり。

常用漢字に挑戦⑨

植物の漢字が入った単語

①花香
②米雑魚
③桑年
④松明
⑤梅花皮
⑥芝生
⑦草石蚕
⑧茎針
⑨杉形
⑩竹刀
⑪桜雲
⑫豆腐皮
⑬葉潜虫
⑭柳襲
⑮竹麦魚
⑯芋茎

①けこう
仏前などに供える花と香。香華。香花。

②こめんじゃこ
メダカの別名。米のように小さな雑魚の意。

③そうねん
桑の略字が、十の字4つと八の字ひとつになることから、48歳のことをいう。

④たいまつ
松の油の多い部分を細く割ったり、竹や葦などを束ねて作った照明具。

⑤かいらぎ
刀剣の鞘や柄に巻いたり装飾に用いたサメの皮。

⑥しばふ
芝が一面に生えている場所。

⑦チョロギ
シソ科の多年草。塊茎は、梅酢で赤く染め、正月料理の黒豆の中に混ぜられる。

⑧けいしん
植物の茎がトゲのような形に変形したもの。

⑨すぎなり
上がとがって下が広がった、杉のがそびえたような三角形。

⑩しない
剣道で用いる割り竹を束ねて作った刀。

⑪おううん
一面に咲きつらなった桜の花によって、遠くからは白い雲のように見えること。

⑫ゆば
豆乳を加熱したとき表面に固まる皮膜状のもの。

⑬はもぐりむし
植物の葉の組織に潜入して葉肉を食べ、線状の食べ跡を残す昆虫類の総称。

⑭やなぎがさね
表は白で裏は青である襲の色目の名前。

⑮ほうぼう
前部の軟条3本で海底を歩行する、ホウボウ科の海水魚。

⑯ずいき
里芋の葉柄、または、それを干したもの。いもがら。

常用漢字に挑戦⑩　動物の漢字が入った単語

①
犬子

②
蚊母鳥

③
魚葉

④
馬手
（ばしゅ　ではなくて）

⑤
鳥馬

⑥
象貝

⑦
虫酸

⑧
貝回し

⑨
蛍雪

⑩
猿滑

⑪
羊歯

⑫
蛇行

⑬
蚕豆
（かいこまめ　と言わずに）

⑭
猫頭鳥

⑮
牛王
（ぎゅうおう　ではなくて）

⑯
豚犬

①えのこ
子犬のこと。【用例】折ふし一疋《ぴき》来るをとらへて抱き

②よたか
夜、飛びながら昆虫を捕食する、ヨタカ科の夏鳥。

③かれい
カレイ科の海水魚の総称。形が葉のようなことから付けられた。

④めて
馬上で手綱を扱うことから、右の手を指す。

⑤つぐみ
上面は暗褐色で腹は白色に黒斑が散在する冬鳥。跳び歩くことから付けられた。

⑥きさがい
西太平洋の浅海にすむキサガイ科の二枚貝

⑦むしず
胃から口に出てくる不快な酸っぱい胃液。

⑧ばいまわし
ござや厚い布などの上で貝独楽を回して勝負を争う遊び。

⑨けいせつ
蛍の光や窓の雪明かりを利用して書を読んだ故事から、苦学すること。

⑩さるすべり
淡赤褐色で平滑な樹皮で、葉は楕円形をしているミソハギ科の落葉高木。

⑪しだ
シダ植物の総称。特に、新年の飾りに用いるウラジロを指すことが多い。

⑫だこう
蛇進むように左右にくねり曲がって行くこと。または、曲がりくねっている様子。

⑬そらまめ
豆の莢が天に向かって直立する、マメ科の一年草。莢の形が蚕に似ている。

⑭みみずく
頭に耳のような羽毛をもつフクロウ科の鳥の総称。

⑮ごおう
牛頭天王の略。京都、八坂神社の祭神として有名。

⑯とんけん
愚かで役に立たない人。自分の子どもをへりくだっていう語。

常用漢字に挑戦⑪

身体の部位を示す漢字が入った単語

① 目合	② 手水	③ 口伝	④ 歯舌
⑤ 頭髪菜	⑥ 鼻下長	⑦ 舌戦	⑧ 挙句
⑨ 顔容（がんよう と言わずに）	⑩ 巻耳	⑪ 乳金物	⑫ 首級（しゅきゅう と言わずに）
⑬ 背腸	⑭ 眼間	⑮ 胸座	⑯ 足半

①まぐわい
目を見合わせて愛情を通わせること。そこから男女の性交を表す。

②ちょうず
主に社寺で参拝するときに、手や顔などを洗い清めるための水。または、その行為。

③くでん
言葉で伝えること。口伝えで伝授すること。

④しぜつ
軟体動物の口腔内にあり、食物をかきとる働きをする、やすり状の歯。

⑤おごのり
暗紅色で粘滑質の細い紐状の体枝をもつオゴノリ科の海藻。

⑥びかちょう
鼻の下を伸ばすことから、女に甘くだらしないこと。または、そのような男性。

⑦ぜっせん
言い争うこと。口争い。口論。

⑧あげく
連歌や連句の最後の七・七の句から、終わりや結果を示す。

⑨かんばせ
顔つき。容貌。顔の様子。

⑩おもなみ
夏から秋にかけて、枝先に雄花を下部に雌花をつける、キク科の一年草。

⑪ちかなもの
門の扉に釘隠しをするため打ち付ける乳房状の金物。

⑫しるし
合戦で討ち取った相手の首。その首の数や相手の身分で論功行賞が与えられた。

⑬せわた
エビの背にある黒い線状の腸。サケの背骨の下にある腎臓。

⑭まなかい
目と目の間の言葉が転じて、目の前を指す。目の当たり。

⑮むなぐら
着物の左右の襟が重なるあたり。衣服の胸の部分。

⑯あしなか
軽くて走るのが便利なように、かかとの部分がない短小な草履。

常用漢字に挑戦⑫　動作を示す漢字が入った単語

① 登城	② 吸茶	③ 歌留多	④ 飲泣
⑤ 立礼 （りつれい　ではなく）	⑥ 話頭	⑦ 笑味	⑧ 言祝ぐ
⑨ 吹聴	⑩ 食客	⑪ 読点	⑫ 呼子鳥
⑬ 投網	⑭ 告天子	⑮ 走野老	⑯ 泣血

①**とじょう**
城に参上すること。【用例】殿の命を受けて—する

②**すいちゃ**
茶道で、1杯の大ぶりの茶碗にたてた茶を数人で順次に飲むこと。

③**カルタ**
遊びや博打に使う絵や文字を書いた長方形の札。

④**いんきゅう**
声を立てずに泣くこと。すすり泣き。しのび泣き。

⑤**りゅうれい**
茶道で、椅子に腰かけて行う点前のこと。外国人客のために創案された。

⑥**わとう**
話の糸口、または、話の内容。

⑦**しょうみ**
食物を贈るときに、粗末な品なので笑って召し上がってくださいとへりくだっていう語。

⑧**ことほぐ**
喜びを言う。言葉で祝福する。

⑨**ふいちょう**
人に言いふらすこと。披露。

⑩**しょっかく**
他人の家に居着いて、食べさせてもらっている人。

⑪**とうてん**
文の中の意味の切れめにつける、文章の切れや続きを明らかにするための符号。

⑫**よぶこどり**
カッコウ、ウグイス、ホトトギス、ツツドリなどの異称。

⑬**とあみ**
円錐形で、網の裾を折り返して袋状にした場所に鉛の重りをつけた、被網の一種。

⑭**こうてんし、こくてんし、ひばり**
体は褐色の地に黒い斑があり頭に短い冠羽をもつ、ヒバリ科の鳥。

⑮**はしりどころ**
春、暗紅紫色の釣鐘状の花が咲くナス科の多年草。

⑯**きゅうけつ**
目から血が出ると思われるほど泣くこと。血の涙。

常用漢字に挑戦⑬

家族を示す漢字が入った単語

① 兄事

② 母衣

③ 婦敵

④ 孫枝

⑤ 親王（しんのう ではなく）

⑥ 婿星

⑦ 私雨

⑧ 妹背鳥

⑨ 婆背

⑩ 父母（ちちはは、ふぼ ではなく）

⑪ 嫁資

⑫ 子灯心

⑬ 姉女（あねじょ ではなく）

⑭ 夫食

⑮ 弟矢

⑯ 娘部思

①けいじ
自分の兄に対するように、相手を敬い仕えること。

②ほろ
流れ矢を防ぐために背にかけた大きな布。存在を示す標識にもした。

③めがたき
自分の妻を寝取った男。間男。

④ひこえ
枝からさらに生じた小枝。

⑤みこ
律令制における天皇の兄弟、および、皇子の称号。

⑥むこぼし
彦星の別名。鷲座のα星アルタイルのこと。

⑦わたくしあめ
小さな限られた場所にだけ降るにわか雨。

⑧いもせどり
セキレイの別名、または、ホトトギスの女房詞。

⑨ばばがせ
体長約5センチ程度で、潮間帯の岩礁にすむヒザラガイ科の軟体動物。

⑩かぞいろは
両親。父（かぞ）と母（いろは）のこと。「かぞいろ」ともいう。

⑪かし
嫁入りのときに持って行く財産。嫁入り支度。

⑫ねとうしん
江戸時代、大黒天の縁日である甲子の日に売られた、家が富み栄えるといわれた灯心。

⑬せなじょ
姉、または、若い女性のこと。

⑭ぶじき
江戸時代の農民の食糧のこと。雑穀を指す。

⑮おとや
反時計回りに回転しながら進む矢。二の矢。

⑯おみなえし
晩夏から秋に黄色の小花をつける、オミナエシ科の多年草。「女郎花」とも書く。

Q 1つの単語に2つの読み①

字は同じだが読みが違います

① 色紙

② 生物

③ 人気

④ 大勢

⑤ 気質

⑥ 目下

⑦ 背筋

⑧ 上下

⑨ 生花

⑩ 白子

A

① しきし

書画などを書き記す四角い厚紙。

いろがみ

着色した紙。色を染めた紙。

② せいぶつ

動物、植物、微生物など、生命体の総称。

なまもの

加熱、塩蔵などをしていない生の食品。

③ にんき

最初に思った心。最初の決心。

ひとけ

人のいる気配。

④ おおぜい

多くの人。

たいせい

大きな勢力。物事の主流な状況。

⑤ きしつ

気だて。気性。

かたぎ

風習や慣わし、物事のやり方や生活態度。

⑥ もっか

すぐ近く。さしあたり。

めした

年齢、地位、階級などが自分より下の者。

⑦ はいきん

背部にある筋肉の総称。

せすじ

背中の中心線。

⑧ じょうげ

位置や場所、身分や立場などの上と下。

かみしも

対となる衣服の上と下。

⑨ せいか

自然の生きた花。

いけばな

草木の枝、葉、花を形を整えて花器に挿し鑑賞すること。華道。

⑩ しらこ

オスの魚の腹中にある精巣。

しらす

イワシ、イカナゴ、ウナギ、アユなどの稚魚。

Q 1つの単語に2つの読み②

字は同じだが読みが違います

① 人形

② 黒子

③ 初心

④ 大家

⑤ 正気

⑥ 地頭

⑦ 中食

⑧ 最中

⑨ 一転

⑩ 雷魚

A

①にんぎょう ひとがた
いろいろな材料で人間の形をまねて作ったもの。
人間の姿、形のこと。

②くろこ ほくろ
歌舞伎で俳優や舞台進行の介添えをする黒い衣装の人。
皮膚の表面に見られる濃褐色の色素斑。

③しょしん うぶ
最初に思った心。最初の決心。
初々しい。世間ずれしていない。

④おおや たいか
貸家の持ち主。家主。
ある分野で特にすぐれた見識、技能を持っている人。

⑤しょうき せいき
正常な心。気が確かなこと。
物事の根本をなす気。正しい気風や気性。

⑥じあたま じとう
かつらなどをかぶらない地毛の頭。
全国の荘園などに置かれた土地の管理者。

⑦ちゅうじき なかしょく
1日2食の習慣で朝食と夕食の間に軽くとる食事。
調理済み食材を持ち帰って食べること。

⑧さいちゅう、さなか もなか
一番盛んな状態にあるとき。進行中のとき。
和菓子の一種。

⑨いってん いちころ
ひと戻りすること。ひっくり返ること。
一撃でコロリと倒されること。

⑩らいぎょ はたはた
外来淡水魚。カムルチーとタイワンドジョウの通称。
北太平洋と日本海の深海に分布する海水魚。

Q 同音異義語①

読みは同じだが意味が違います

①清算と精算（せいさん）

②受精と授精（じゅせい）

③文化と分化（ぶんか）

④主催と主宰（しゅさい）

⑤口頭と口答（こうとう）

⑥規正と規制（きせい）

⑦開放と解放（かいほう）

⑧関心と感心（かんしん）

⑨直感と直観（ちょっかん）

⑩対象と対照（たいしょう）

A

① 清算 決まりをつけること。【用例】借金の清算。
精算 金銭などを計算し直すこと。【用例】運賃の精算。

② 受精 雌雄の生殖細胞が合体する現象。【用例】受精卵。
授精 精子を卵子に結合させること。【用例】人工授精。

③ 文化 人間の生活様式の全体。【用例】文化遺産。
分化 複雑、異質なものに分かれること。【用例】性の分化。

④ 主催 会合や行事を催すこと。【用例】イベントの主催。
主宰 人の上に立って物事をとりはからうこと。【用例】劇団の主宰者。

⑤ 口頭 口で言うこと。【用例】口頭弁論。
口答 質問に口で答えること。【用例】口問口答。

⑥ 規正 正しく改めること。【用例】政治資金規正法。
規制 従うべききまり。【用例】規制緩和。

⑦ 開放 門戸を開け放つこと。【用例】学校開放。
解放 束縛を解いて自由になること。【用例】奴隷解放。

⑧ 関心 気になっていることがら。【用例】国民の関心事。
感心 心が深く動かされること。【用例】感心する。

⑨ 直感 瞬間的に感じ取る。【用例】危険を直感する。
直観 直接的に対象をとらえること。【用例】真理の直観。

⑩ 対象 目標となるもの。相手。【用例】調査対象。
対照 照らし合わせること。【用例】対照表。

Q 同音異義語②

読みは同じだが意味が違います

① 雄姿と勇姿（ゆうし）	② 必死と必至（ひっし）
③ 意見と異見（いけん）	④ 静聴と清聴（せいちょう）
⑤ 天日と天火（てんぴ）	⑥ 美観と美感（びかん）
⑦ 外観と概観（がいかん）	⑧ 即効と速効（そっこう）
⑨ 苦渋と苦汁（くじゅう）	⑩ 改心と回心（かいしん）

A

①
雄姿 雄々しく堂々とした姿。【用例】富士山の雄姿。
勇姿 勇ましい姿。勇壮な容姿。【用例】選手の勇姿。
②
必死 死ぬ覚悟で全力を尽くすこと。【用例】必死に逃げる。
必至 必ずそうなること。【用例】必至のできごと。
③
意見 ある問題に対する主張や考え。【用例】意見を述べる。
異見 他の人とは違った考え【用例】異見を唱える。
④
静聴 静かにしてよく聞くこと。【用例】ご清聴願います。
清聴 他人が自分の話を聴いてくれること。【用例】ご清聴感謝します。
⑤
天日 太陽の光、また、その熱。【用例】天日干し。
天火 オーブン調理器。【用例】天火焼き。
⑥
美観 美しい眺め。美しい景観。【用例】美観地区。
美感 美しさを感じる気持ち。美的。【用例】美感に訴える。
⑦
外観 外部から見た様子。みかけ。【用例】建物の外観。
概観 大体のありさま、状況。【用例】概観する。
⑧
即効 効き目がすぐにあらわれること。【用例】即効薬。
速効 効き目が速いこと。【用例】速攻性肥料。
⑨
苦渋 苦悩すること。【用例】苦渋の決断。
苦汁 つらい経験をすること。【用例】苦汁を飲まされる。
⑩
改心 心を入れかえること。【用例】改心して出直す。
回心 キリスト教への心の転換。【用例】パウロの回心。

Q 慣用読みの本当の読み方は

読みまちがいが正しい読み方に？

① 情緒（じょうちょ の本当の読み方は？）

② 必須（ひっす の本当の読み方は？）

③ 消耗（しょうもう の本当の読み方は？）

④ 出納（すいとう の本当の読み方は？）

⑤ 輸出（ゆしゅつ の本当の読み方は？）

⑥ 堪能（たんのう の本当の読み方は？）

⑦ 憧憬（どうけい の本当の読み方は？）

⑧ 貼付（てんぷ の本当の読み方は？）

⑨ 刺客（しかく・しきゃく の本当の読み方は？）

⑩ 呂律（ろれつ の本当の読み方は？）

A

①じょうしょ
おりに触れて起こるさまざまな思い。喜怒哀楽などにつれて起こる思い。
②ひっしゅ
必ず用いるべきこと。なくてはならないこと、または、その様子。
③しょうこう
物や体力、気力など使って減らすこと、または、使って減ること。
④しゅつのう
出すことと納めること。特に、金銭や物品を出し入れすること。収支。
⑤しゅしゅつ
物を外へ運び出すこと。特に、国内の商品や技術などを国外へ送り出すこと。
⑥かんのう
深くその道に通じていること。十分に満足すること。納得すること。
⑦しょうけい
目指すものを得たい、理想に達したいと強く望むこと。憧れの気持ち。
⑧ちょうふ
物を貼り付けること。転じて、物を一緒に付け添えること。
⑨せきかく
せっかく
暗殺をおこなう者、もしくは犯罪組織で殺害を担当する者。
⑩りょりつ
ものを言うときの調子、または、口から発する言葉の調子。

常用漢字文字に挑戦⑭ 歳時記の単語―春

① 春告鳥

② 目借時

③ 菜種梅雨

④ 遍路

⑤ 三味線草

⑥ 春遊

⑦ 黄砂

⑧ 鹿尾菜

⑨ 踏青

⑩ 和布

⑪ 春疾風

⑫ 雪崩

⑬ 枝垂桜

⑭ 田楽

⑮ 苗代

⑯ 独活

①はるつげどり
ウグイスの別名。早春、平地に降りてきて鳴き始めることから名づけられた。

②めかりどき
蛙が人の目を借りるため眠くなる春暖の時期。

③なたねづゆ
菜の花が咲く頃、連日降り続く暖かい長雨。

④へんろ
四国八十八カ所霊場を巡る巡礼。桜が咲く頃を中心に白装束姿で歩く。

⑤しゃみせんぐさ
ナズナの別名。春の七草のひとつで、若葉は食用。ぺんぺん草ともいう。

⑥しゅんゆう
春、山野を歩いたり花のそばで宴を張ったりして楽しむ遊び。ピクニック。

⑦こうさ
3月から5月、モンゴルや中国北西部などから黄色い砂が日本に運ばれてくる現象。

⑧ひじき
ホンダワラ科の海藻。冬から春にかけて繁茂する。

⑨とうせい
春に男女が野山で青草を踏んで遊ぶ中国の風習。野遊び。

⑩にきめ
若布の別名。コンブ目の海藻。水ぬるむ春先に漁が解禁される。

⑪はるはやて
春に砂塵を巻き上げて激しく吹き起こる風。春嵐。

⑫なだれ
山の斜面に積もった大量の雪が急激に崩れ落ちる現象。

⑬しだれざくら
枝が長く垂れ下がり、3月〜4月にやや小形の花が開く、バラ科の落葉高木。

⑭でんがく
田植えのときに田の神をまつるため笛や太鼓を鳴らして田の畔で歌い舞うこと。

⑮なわしろ
田植えの前に、稲の種をまいて苗を育てる田。

⑯うど
ウコギ科の多年草。春の若芽は柔らかく食用となる。

常用漢字に挑戦⑮ 歳時記の単語 夏

①単衣（たんい と言わずに）
②黒南風
③宵宮
④羅
⑤閑古鳥
⑥灯取虫
⑦半夏生
⑧寝冷
⑨冷索麺
⑩未草
⑪仏法僧
⑫日照雨
⑬木下闇
⑭黒揚羽
⑮卯の花腐し
⑯病葉（びょうよう と言わずに）

①ひとえ
ひとえの着物。ひとえもの。

②くろはえ
梅雨どき、雨を伴って吹く南風。

③よいみや
本祭の前日の夜に行われる小祭。夜宮、宵祭に同じ。

④うすもの
薄く織った絹布で作った夏用の単衣の衣類。うすぎぬ。

⑤かんこどり
カッコウの別名。古来より、鳴き声が物寂しく聞こえることから名づけられた。

⑥ひとりむし
灯火を慕って来る昆虫の総称。

⑦はんげしょう
夏至から11日目、7月2日頃。梅雨が明けて田植えの終わる時期。雑節のひとつ。

⑧ねびえ
寝ている間に身体が冷えたため、感冒や腹痛などを起こす障害。

⑨ひやそうめん
索麵をゆでて冷水や氷で冷やし、つけ汁をつけて食べる夏の食物。

⑩ひつじぐさ
葉の基部が深く切れ込んだ楕円形で、夏、白い花を開くスイレン科の水生の多年草。

⑪ぶっぽうそう
全長約30センチ程度、体は濃青色で、頭が黒く嘴と脚が赤い夏鳥。

⑫そばえ
初夏、日が射しているのに雨が降ること。きつねの嫁入り。

⑬こしたやみ
枝葉の繁茂して木陰が暗いこと、または、そのエリア。

⑭くろあげは
羽、体ともに黒く、普通は後羽に尾状突起があり後縁に赤紋が並ぶアゲハチョウ。

⑮うのはなくたし
5月から6月上旬にかけて、しとしと長く降りつづく雨のこと。

⑯わくらば
夏の頃、紅葉のように、赤または黄白色に色づき枯れた葉。

常用漢字に挑戦⑯

歳時記の単語　秋

① 爽涼	② 虫時雨	③ 零余子	④ 芋嵐
⑤ 狭霧	⑥ 秋没日	⑦ 踊浴衣	⑧ 万数沙華
⑨ 野分	⑩ 間引菜	⑪ 早稲刈	⑫ 高西風
⑬ 陸稲	⑭ 村歌舞伎	⑮ 新走	⑯ 草紅葉

①そうりょう
外気が爽やかで涼しく感じること、または、その様子。

②むししぐれ
多くの虫が一斉に鳴く声を時雨の音になぞらえた言葉。

③むかご
ヤマノイモやオニユリにできる多肉で球状の芽。

④いもあらし
白い芋の葉裏が見えるように吹き渡る強い秋風。

⑤さぎり
秋の朝、冷やかに立ち込める霧。春は靄と表現して区別する。

⑥あきいりひ
顔が真っ赤に染まるような美しい秋の夕日の天気。

⑦おどりゆかた
盆踊りのときに着る浴衣のこと。

⑧まんじゅしゃげ
彼岸花の異名。仏教で、見ると自ずから悪業を離れるといわれる天界の花。

⑨のわき
秋から冬にかけて吹く暴風。二百十日や二百二十日前後に吹く台風のこと。

⑩まびきな
間引いた大根や蕪の若菜。つまみ菜のこと。

⑪わせがり
初秋に、早く実る稲を刈る様子。

⑫たかにし
10月頃、上空を急に強く吹く西風。寂しい秋の風。

⑬おかぼ
畑で栽培される稲、または、その米。

⑭むらかぶき
秋祭りの機会などに、村人が集まって行う歌舞伎の芝居。

⑮あらばしり
その年の新米で最も早く醸造した酒。新酒のこと。

⑯くさもみじ
秋、草が紅葉すること。色づいた草。

常用漢字に挑戦⑰ 歳時記の単語 冬

① 日短

② 小春日和

③ 落葉時

④ 荒星

⑤ 凍鶴

⑥ 根深汁

⑦ 目貼

⑧ 唐梅

⑨ 綿虫

⑩ 煮凝

⑪ 深雪

⑫ 懐炉

⑬ 氷柱

⑭ 懐手

⑮ 雪達磨

⑯ 御神渡

①ひみじか

冬の昼間の短い様子。短日ともいう。

②こはるびより

冬の初め頃の暖かく穏やかな日和。

③おちばどき

木の葉が枯れて落ちる冬の時節のこと。落ち葉頃ともいう。

④あらぼし

木枯しの吹きすさぶ夜の星のこと。

⑤いてづる

寒気の中にじっとたたずんでいる鶴の様子。

⑥ねぶかじる

葱を実にした味噌汁、またはすまし汁。葱汁ともいう。

⑦めばり

物の隙間などに紙などを貼って、風が入るのを塞ぐこと。

⑧からうめ

蝋梅の異名。1、2月頃、香りのある花を咲かせる。

⑨わたむし

体が小さく綿くずが飛んでいるように見える虫。雪虫ともいう。

⑩にこごり

魚などを煮た汁が寒気で固まったもの。魚肉類を煮汁ごとゼラチンや寒天で固めた料理。

⑪みゆき

深く降り積もった雪。雪の美称。

⑫かいろ

懐に入れて胸や腹などを暖める器具。

⑬つらら

水のしずくが凍って軒下などに垂れ下がった棒状のもの。

⑭ふところで

寒さで手を袖から出さずに懐に入れている様子。

⑮ゆきだるま

雪を丸めて達磨の形に作ったもの。

⑯おみわたり

冬、氷結した湖面の一部が隆起する氷堤。長野県、諏訪湖のものが有名。

常用漢字に挑戦⑱　歳時記の単語　年中行事

① 初午

② 針供養

③ 御水取

④ 彼岸会

⑤ 甘茶仏

⑥ 夏越

⑦ 桜桃忌

⑧ 硯洗

⑨ 鬼灯市

⑩ 土用

⑪ 施餓鬼会

⑫ 精霊舟

⑬ 重陽

⑭ 十六夜

⑮ 神還

⑯ 年籠

①**はつうま**

2月の最初の午の日。稲荷神社で初午祭があり、初午詣をする。

②**はりくよう**

2月8日や12月8日に、古針や折れた針を豆腐や蒟蒻に刺して供養する行事。

③**おみずとり**

陰暦2月1日から14日間行われる東大寺二月堂の修二会。大松明が駆け巡る荒行で有名。

④**ひがんえ**

春分、秋分の日を中日として前後7日間にわたって行う法会。墓参などの仏事を行う。

⑤**あまちゃぶつ**

陰暦4月8日の花祭りの日に、甘茶をかける釈迦の誕生像。

⑥**なごし**

陰暦6月晦日、田植の終了後、海や川で身を清めたり牛や馬を水辺で遊ばせる行事。

⑦**おうとうき**

昭和23年6月19日、愛人と入水自殺した太宰治の忌日。毎年、禅林寺で法要が行われる。

⑧**すずりあらい**

七夕の前夜、子どもが習字や学問の上達を祈って硯や机などを洗うこと。

⑨**ほおずきいち**

7月9日、10日、浅草寺境内に立つほおずきを売る市。四万六千日の縁日ともいう。

⑩**どよう**

立春、立夏、立秋、立冬の前各18日間。夏の土用の丑の日に鰻を食べる風習が有名。

⑪**せがきえ**

お盆に行われる、悪道に堕ちて飢えに苦しむ餓鬼に飲食物を施す行事。水陸会ともいう。

⑫**しょうりょうぶね**

お盆の終わりに先祖の霊を送り流す精霊流しに用いる麦わらや木で作った舟。

⑬**ちょうよう**

陰暦9月9日の行事、九月節供。菊の節供ともいう。五節供のひとつ。

⑭**いざよい**

陰暦8月16日夜の月。中秋の名月の翌日の月。

⑮**かみかえり**

陰暦10月の晦日、または、11月1日、出雲大社に集まった神々がそれぞれの国に帰る。

⑯**としごもり**

大晦日の夜、神社や寺にこもって新年を迎える行事。

共通の漢字を見つけられますか⑤

矢印の方向につなぐと単語ができる漢字は？

例

合 立 団
体
育 操
験

できる単語　立体、合体、団体
体育、体験、体操

❶

道 声 文
□
団 器
屋

❷

開 水 幸
□
転 河
命

❸

深 食 口
□
茶 葉
顔

❹

初 正 悪
□
想 中
路

❺

電 解 加
□
望 演
帯

解答

❶

道

声　　文

楽

団　　器

屋

❷

開

水　　幸

運

転　　河

命

運河（うんが）

❸

深紅（しんく）

深

食　　口

紅

食紅（しょくべに）

茶　　葉

顔

紅顔（こうがん）

❹

初

正　　悪

夢

想　　中

路

❺

電

解　　加

熱

解熱（げねつ）

望　　演

帯

どんなルールかわかりマスか?

あるルールにしたがって並んだ5つの漢字。ルールを推理し、?のマスに入る漢字をリストから選び、それら3つの漢字を並べかえてできる三字単語は?

首　眉　目　口　歯

肩 → 足 → 耳 → ? → 手

ヒント 何かが減っています

石　四　多　木　最

信 → 利 → ? → 天 → 北

ヒント あ〜あ〜、○の流れのように

茎　何　菊　家　顔

愛 → 上 → 丘 → 柿 → ?

ヒント 読み仮名を書いてみましょう

3つの?の三字単語は?

解答

菊《きく》目《め》石《いし》

（イシサンゴの一種で岩石に着生。個体の着いた跡が菊の花が集まったように見える）

(8画)	(7画)	(6画)	(5画)	(4画)
肩 →	足 →	耳 →	**目** →	手

解説 体の部位を表す漢字が画数順に並んでいる

信濃川	利根川	石狩川	天塩川	北上川
信 →	利 →	**石** →	天 →	北

解説 河川名が長い順に並んでいる

愛《アイ》 → 上《うえ》 → 丘《おか》 → 柿《かき》 → **菊**《キク》

解説 五十音で続く2字を読み（音・訓）とする漢字が五十音順に並んでいる

ひきつづき、行列のルールは？

並んだ漢字のルールを推理し、？に入る漢字をリストから選びます。それらの漢字を並べかえてできる三字単語は？

春 具 切 置 天 量

悟 → 譲 → 虚 → ？ → 究

ヒント 何かが増えています

究 朽 急 弓 吸 救

泣 → 級 → 宮 → ？ → 給

ヒント 読みは同じなんですが…

奏 歌 命 喜 曲 路

器 → 操 → 調 → ？ → 琴

ヒント だんだん少なくなっていきます

3つの？の三字単語は？

解答

救命具《きゅうめいぐ》

悟（五）		譲（六）		虚（七）		具（八）		究（九）
悟	➡	譲	➡	虚	➡	**具**	➡	究

解説　隠れている漢数字が一つずつ増えている

泣（8画）		級（9画）		宮（10画）		救（11画）		給（12画）
泣	➡	級	➡	宮	➡	**救**	➡	給

解説　画数が一つずつ増えている

器（4個）		操（3個）		調（2個）		命（1個）		琴（0個）
器	➡	操	➡	調	➡	**命**	➡	琴

解説　中に含まれている「口」の数が一つずつ減っている

え〜、毎度バカバカしいお話で…

リストに並んだ落語にかかわる語句を漢字に書き直し、縦・横・斜めに並んだ漢字をパネルから消していきます。同じ漢字を何度も使うことがあります。使われなかった漢字でできる落語家の名前は？

語句のリスト

あおな	じゃがんそう	てんさい
えいたいばし	しんうち	てんたく
おおかんばん	すとくいん	にんじょうばなし
がくや	せきてい	ねこさだ
かじむすこ	ぜんざ	ねどこ
きしゅう	せんす	ふなとく
くちいれや	そうさくらくご	よせ
こうざ	だいしょ	わげい
ざぶとん	ちょうたん	
しばはま	ちょうめい	

※下線は落語の演目

草	含	蛇	真	志	崇	書	橋
宅	大	浜	打	徳	人	代	寝
転	芝	看	院	高	永	情	床
青	菜	創	板	座	天	芸	話
川	前	亭	作	子	命	災	立
座	寄	席	扇	落	息	長	短
布	定	楽	紀	談	語	事	船
団	猫	州	屋	入	口	徳	火

パネルに残った文字でできる落語家は？

解答

立《たて》川《かわ》談《だん》志《し》

語句のリスト

青菜	蛇含草（じゃがんそう）	天災
永代橋（えいたいばし）	真打（しんうち）	転宅
大看板	崇徳院（すとくいん）	人情話
楽屋	席亭	猫定
火事息子	前座	寝床
紀州	扇子（せんす）	船徳（ふなとく）
口入屋（くちいれや）	創作落語	寄席（よせ）
高座	代書	話芸
座布団	長短	
芝浜	長命	

※下線は落語の演目

草	含	蛇	真	志	崇	書	橋
宅	大	浜	打	徳	人	代	寝
転	芝	看	院	高	永	情	床
青	菜	創	板	座	天	芸	話
川	前	亭	作	子	命	災	立
座	寄	席	扇	落	息	長	短
布	定	楽	紀	談	語	事	船
団	猫	州	屋	入	口	徳	火

3角形を完成させよう

リストの漢字を□に入れて、例のように三字単語を三つずつ作ります。逆三角には単語はできません。残った漢字を並べてできる四字熟語は？

例

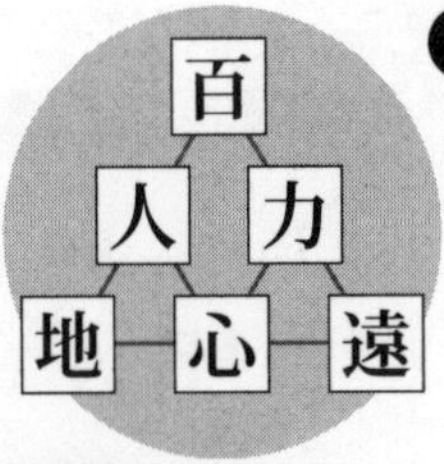

できる三字熟語

百人力、人心地、遠心力

漢字のリスト

力	中	本	生
地	技	労	者
途	格	意	難
多	気	前	派

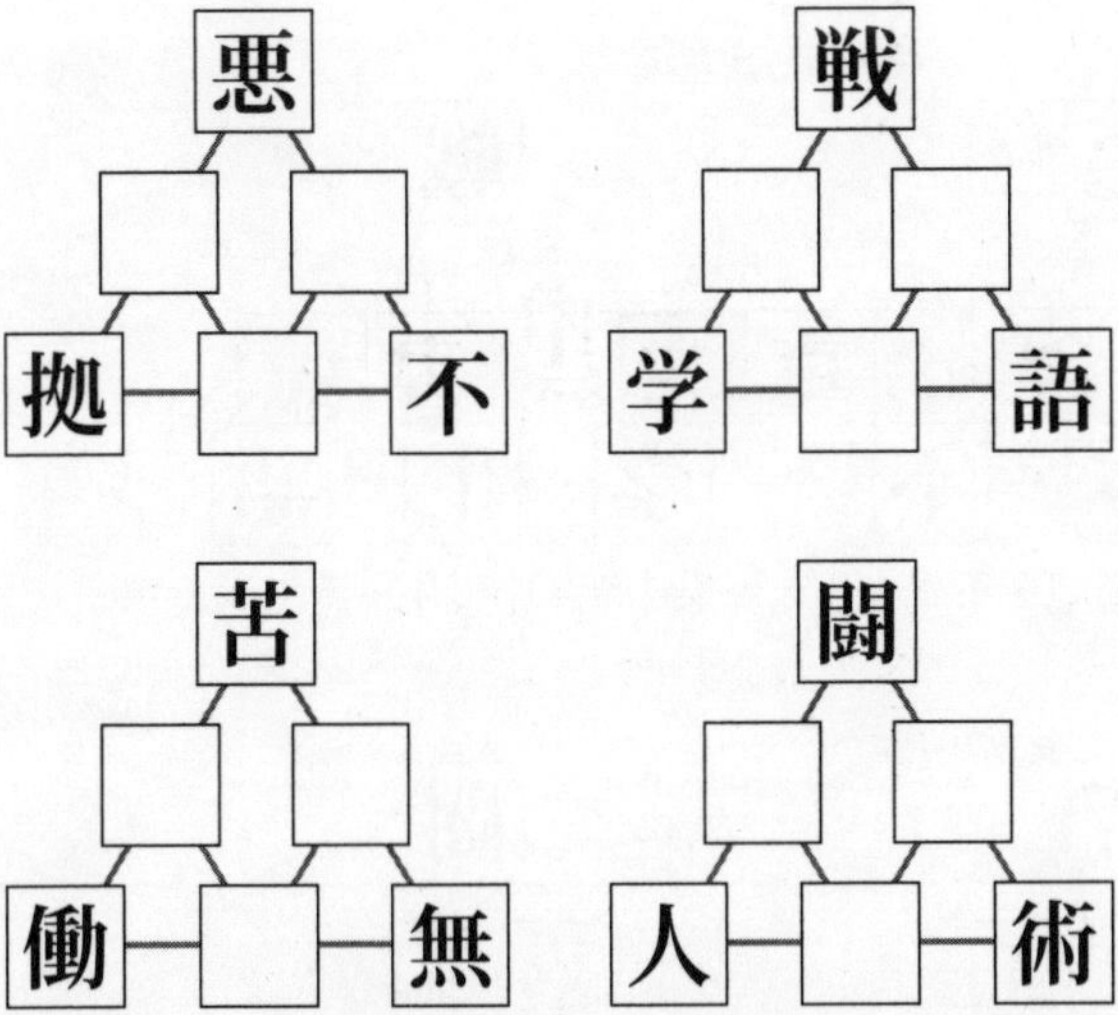

リストに残った四字熟語は？

解答

前《ぜん》途《と》多《た》難《なん》

漢字のリスト

~~力~~	~~中~~	~~本~~	~~生~~
~~地~~	~~技~~	~~労~~	~~者~~
途	~~格~~	~~意~~	難
多	~~気~~	前	~~派~~

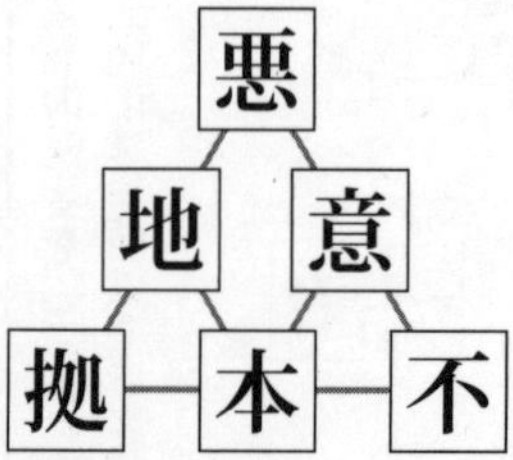

意地悪・本拠地・不本意

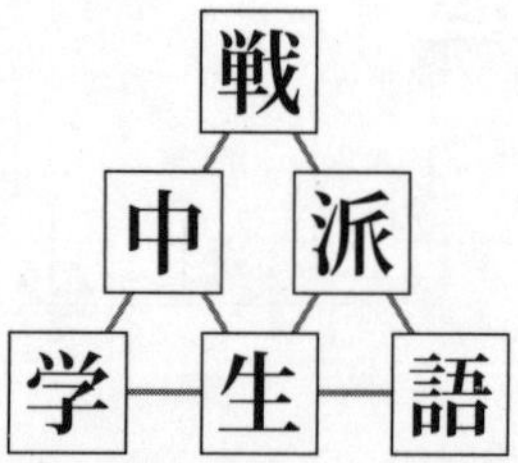

戦中派・中学生・派生語

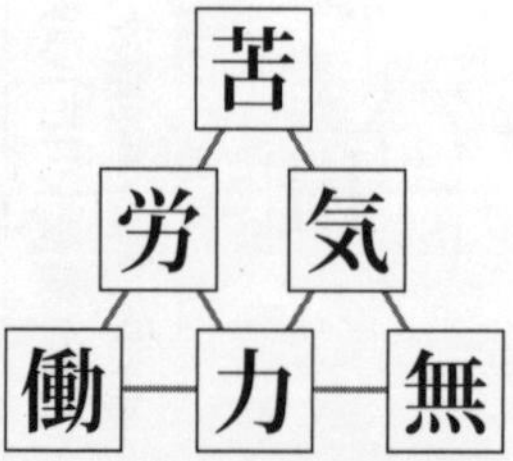

気苦労・労働力・無気力

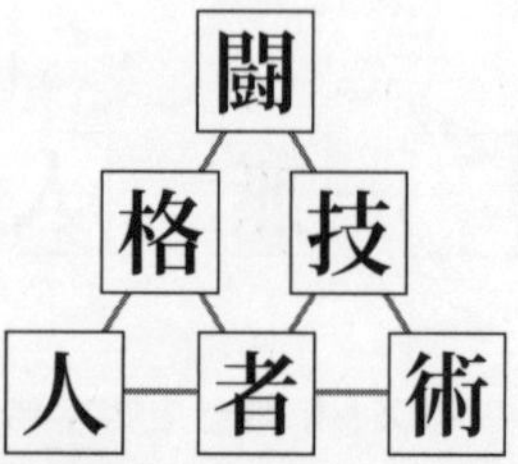

格闘技・人格者・技術者

「空」と「海」で四字単語を

リストの漢字を一度ずつ使って、横書きに四字単語を作りましょう。使われなかった漢字でできる三字単語は？

漢字のリスト

人山日火水手市本
平底青前洋後徒航
拳流術絶場戦遠線

色	即	是	空
		空	
	空		
空			

海			
	海		
		海	
			海

リストに残った三字単語は？

漢字のリスト

人	山	日	火	**水**	手	市	本
平	底	青	前	洋	後	徒	航
拳	流	術	絶	場	戦	遠	**線**

色	即	是	空	しきそくぜくう
徒	手	空	拳	としゅくうけん
青	空	市	場	あおぞらいちば
空	前	絶	後	くうぜんぜつご

海	底	火	山	かいていかざん
人	海	戦	術	じんかいせんじゅつ
日	本	海	流	にほんかいりゅう
遠	洋	航	海	えんようこうかい

解答

水《すい》平《へい》線《せん》

いっぷう変わっています

各パネルの漢字は、1文字を除いてある共通点があります。共通点を持たない3つの漢字を並べてできる三字単語は？

列	早	寺
曲	好	光
児	芋	帆

ヒント 数えてみると……？

車	曹	貴
反	異	免
庶	軍	首

ヒント 同じ「相手」が似合います

針	端	炭
横	拍	静
赦	墨	珠

ヒント 中に何かが…

リストに残った三字単語は？

解答

異《い》端《たん》児《じ》

列	早	寺
曲	好	光
児	芋	帆

解説

画数が異なります。
すべて６画の漢字です

車	曹	貴
反	異	免
庶	軍	首

解説

「異」以外は、「辶」（しんにゅう、しんにょう）をつけると、ほかの漢字になります。

車→連、曹→遭、貴→遺、反→返、免→逸、庶→遮、軍→運、首→道

針	端	炭
横	拍	静
赦	墨	珠

解説

「端」以外は、中に色を表す漢字が含まれています。

針…金、炭…灰、横…黄、拍…白、静…青、赦…赤、墨…黒、珠…朱

1つだけ異なる部首が…

AとBの各グループのブロックに書かれた漢字は、どれも同じ部首に見えて、異なる部首の漢字が1つずつあります。その漢字は？

Aグループ

沸	油
潮	渡
酒	漸

↓ □

煮	黒
無	熱
悲	点

↓ □

欲	歌
飲	欧
欺	次

↓ □

Bグループ

植	相
格	札
桜	枕

↓ □

菓	薬
芽	夢
藍	花

↓ □

改	敏
教	放
攻	牧

↓ □

解答

Aグループ

部首 氵〔さんずい〕	
沸	油
潮	渡
酒	漸

↓

酒 だけ

部首 酉〔とりへん〕

部首 灬〔れっか、れんが〕	
煮	黒
無	熱
悲	点

↓

黒 だけ

部首 黑〔くろ〕

部首 欠〔あくび、けんづくり〕	
欲	歌
飲	欧
欺	次

↓

飲 だけ

部首 飠〔しょくへん〕

Bグループ

部首 木〔き、きへん〕	
植	相
格	札
桜	枕

↓

相 だけ

部首 目〔め、めへん〕

部首 艹〔くさかんむり〕	
菓	薬
芽	夢
藍	花

↓

夢 だけ

部首 夕〔ゆう、ゆうべ〕

部首 攵〔ぼくにょう〕	
改	敏
教	放
攻	牧

↓

牧 だけ

部首 牛〔うしへん〕

色々と悩まされます

色を表す漢字を含む単語が書かれたカードが並んでいます。ヒントを参考にできる単語は？

① もうこれっきり
金□際

② 冬の花です
□茶花

③ シースルーの体が美しい
水□

④ 泣き～はチャームポイント
黒□

⑤ 木肌がスベスベしています
百□紅

⑥ そんな～は聞きたくもない
□白

⑦ 雨がよく似合います
紫□花

⑧ 中国野菜の一つ
青□菜

⑨ ユリ科の多年草
万□青

⑩ これが抜けるとイキになる
□汁

⑪ 朝鮮民族が着る丈の短い上衣です
赤古□

⑫ 弟子が先生を追い越すこと
□藍

⑬ 遍歴修行する禅僧です
□水

⑭ 水を沸かしたもの
白□

⑮ 「天道虫」とも書く
紅□

⑯ 金持ちの虫
金□子

解答

① 金輪際《コンリンザイ》
もうこれっきり

② 山茶花《サザンカ》
冬の花です

③ 水母《クラゲ》
シースルーの体が美しい

④ 黒子《ホクロ》
泣き～はチャームポイント

⑤ 百日紅《サルスベリ》
木肌がスベスベしています

⑥ 科白《セリフ》
そんな～は聞きたくもない

⑦ 紫陽花《アジサイ》
雨がよく似合います

⑧ 青梗菜《チンゲンサイ》
中国野菜の一つ

⑨ 万年青《オモト》
ユリ科の多年草

⑩ 灰汁《アク》
これが抜けるとイキになる

⑪ 赤古里《チョゴリ》
朝鮮民族が着る丈の短い上衣です

⑫ 出藍《シュツラン》
弟子が先生を追い越すこと

⑬ 雲水《ウンスイ》
遍歴修行する禅僧です

⑭ 白湯《サユ》
水を沸かしたもの

⑮ 紅娘《テントウムシ》
「天道虫」とも書く

⑯ 金亀子《コガネムシ》
金持ちの虫

まず、「か」より始めよ

「か」で始まる単語をリストの漢字を一度ずつ使って単語を完成させます。残った漢字でできる、読みが「か」で始まる単語は？

漢字のリスト

山	尺	欠	水	白	合
気	松	飛	為	途	陽
葉	鉄	関	器	質	

か 気
夫
か 脚
か 替
土

か 魚
か 曲
か 羽
か 首
か 炎

か 片
か 機
か 落 松
か 床 雲
か 案 子

使われなかった漢字でできる「か」で始まる単語は？

□□

解答

飛白《かすり》

漢字のリスト

曲	尺	欠	水	白	合
気	松	飛	為	途	陽
葉	鉄	関	器	質	

気質《かたぎ》

水夫《かこ》

脚気《かっけ》

為替《かわせ》

土器《かわらけ》

松魚《かつお》

曲尺《かねじゃく》

合羽《かっぱ》

首途《かどで》

陽炎《かげろう》

欠片《かけら》

機関《からくり》

落葉松《からまつ》

鉄床雲《かなとこぐも》

案山子《かかし》

一文字足すと大変身

次の動物や人物の漢字は、読みをヒントに、リストの漢字を□に入れるとまったく違う生物に変身！ リストに残った漢字でできる生物は？

漢字のリスト

山　土　天　天　布　石
沙　豆　河　波　陸　魚

□	蚕	ゴカイ
虎	□	オコゼ
□	女	ヤマメ
□	牛	カミキリムシ
□	娘	イトトンボ

馬	□		ヤスデ
□	竜		モグラ
□	鹿		カジカ
信	□	翁	アホウドリ
□	竜	子	トカゲ

リストに残った漢字でできる生物は？

□□

解答

波《ハ》布《ブ》

漢字のリスト

~~山~~ ~~土~~ ~~天~~ ~~天~~ 布 ~~石~~
~~沙~~ ~~豆~~ ~~河~~ 波 ~~陸~~ ~~魚~~

沙蚕	ゴカイ	馬陸	ヤスデ
虎魚	オコゼ	土竜	モグラ
山女	ヤマメ	河鹿	カジカ
天牛	カミキリムシ	信天翁	アホウドリ
豆娘	イトトンボ	石竜子	トカゲ

隠れていたのは誰？

各グループの3つの単語は漢字の一部が欠けています。欠けた部分だけを順に並べてできる、人物を表す三字単語は？

例 古都＋女妹＋睡目 ➡ 小市民

車⺍＋⻗柱＋触⺍ ➡ □□□

客日＋⺊道＋惑⺜ ➡ □□□

尤職＋赤耳＋灬沸 ➡ □□□

可術＋着艮＋切⺮ ➡ □□□

石壊＋豆府＋把扌 ➡ □□□

寸心＋羊衆＋禾節 ➡ □□□

足衣＋己念＋虜口 ➡ □□□

解答

車掌＋霜柱＋触《しょっ》覚《かく》➡ 手《て》相《そう》見《み》

客間＋峠道＋惑星➡ 門《もん》下《か》生《せい》

就職＋赤恥＋煮《しゃ》沸《ふつ》➡ 小《しょう》心《しん》者《もの》

奇術＋着眼＋切符➡ 大《おお》目《め》付《つけ》

破壊＋豆腐＋把《は》握《あく》➡ 皮《ひ》肉《にく》屋《や》

寸志＋群衆＋季節➡ 士《し》君《くん》子《し》

（士と君子。徳行高く学問に通じた人）

足《た》袋《び》＋記念＋虜《りょ》囚《しゅう》➡ 代《だい》言《げん》人《にん》

お宝の単語です

宝や貨幣を表す「貝」を含む漢字が使われた単語が並んでいます。リストの漢字を一度ずつ使って単語を完成させましょう。使われなかった2文字に「貝」をつけてできる単語は？

漢字のリスト

才　工　口　口　分　反
化　代　今　母　加　次
任　有　易　武　曽

○与　○献　運○　○弱　○状　寄○　○杯　鼻○　突○　○売　○役　収○　○欲　駅○　○車

リストに残った文字に貝をつけてできる単語は？

□□

漢字のリスト

才	王	目	目	分	反
化	代	今	母	冊	次
任	有	易	武	曽	

貸与　運賃　貢献

貧弱　賀状　寄贈

賜杯　鼻唄　突貫

販売　賦役　収賄

駅員　貪欲　貨車

解答

資《し》財《ざい》

一人旅に出たくなります

○を埋めて四字単語を完成させましょう。埋められた9つの漢字を順にじっくり眺め、これらの漢字から連想される明治生まれの詩人・小説家は?

針○棒大

○子百家

王政復○

○代家老

行○流水

面○半分

宇宙○泳

月見団○

○喜交交

9つの漢字から連想される詩人・小説家は?

解答

島《しま》崎《ざき》藤《とう》村《そん》

「千曲川旅情の歌」の冒頭部分
小諸なる古城のほとり雲白く遊子悲しむ…

針《しん》小《しょう》棒《ぼう》大《だい》

諸《しょ》子《し》百《ひゃっ》家《か》

王《おう》政《せい》復《ふっ》古《こ》

城《じょう》代《だい》家《が》老《ろう》

行《こう》雲《うん》流《りゅう》水《すい》

面《おも》白《しろ》半《はん》分《ぶん》

宇《う》宙《ちゅう》遊《ゆう》泳《えい》

月《つき》見《み》団《だん》子《ご》

悲《ひ》喜《き》交《こも》交《こも》

第3章　特別編

読めれば得する 難読漢字と熟語

あて字などふだんはめったに使わない漢字もありますが、どのくらい知っているか、お試しください。

特別編

「最後は、常用漢字以外の漢字も登場する、超難問の単語や熟語をご用意しました。と少し脅しましたが、漢検1級試験などに出てくる、今まで見たことない、どう読めばいいのかわからないような超難解な漢字は一切使用していませんので、ご安心を。日常見たことがある漢字だけど、そんな漢字が組み合わさるだけで、未知なる単語や熟語に大変身。あなたも辞書を片手に、この難問に挑戦してみてください。」

Q 四字熟語の間違い探し①

1文字だけ間違いがありますが、それはどれ？

① 群衆心理

② 文明開花

③ 一挙両得

④ 口答試問

⑤ 誠信誠意

⑥ 自我自賛

⑦ 一連托生

⑧ 虎視耽々

⑨ 意気統合

⑩ 百戦練磨

A

①群集・心理
群集行動の中で起こる、無批判、無責任な言動が誘発されるような特殊な心理状態。

②文明開化・
世の中が開けて便利になること。特に、明治初期に日本が急速に近代化した現象を指す。

③一挙・両得
ひとつの行動で、2つの利益を得ること。一度に二様の利益を得ること。

④口頭・試問
試験官の質問に口頭で答える形の面接試験。口述試験。口頭試験。

⑤誠心・誠意
嘘や打算的な考えを持たず、真心を込めて事にあたることや相手に接する心。

⑥自画・自賛
自分が描いた絵を自分で賛美することが転じて、自分の行為を自分で褒めること。

⑦一蓮・托生
よくても悪くても運命や行動をともにする。死後、極楽で同じ蓮の花に身を托すこと。

⑧虎視・眈々
虎が獲物をねらうときのように、機会をうかがう様子。「眈々」は見おろすさま。

⑨意気投合・
お互いの気持ちがぴったり合って、仲がよくなること。

⑩百戦錬・磨
ひじょうに多くの実践や経験を重ねて、きたえられること。

Q 四字熟語の間違い探し②

恥をかかぬよう間違い漢字1文字を探せ！

① 絶対絶命

② 責任転化

③ 有為天変

④ 晴天白日

⑤ 外交辞礼

⑥ 諸説粉々

⑦ 綱紀粛清

⑧ 自然陶汰

⑨ 心身喪失

⑩ 才色兼美

A

① 絶体絶命・

どうしても逃れられない切羽詰まった状況にあること。進退きわまること。

② 責任転嫁・

本来、自分が負うべき責任や罪などを、他者になすりつけること。

③ 有為転変・

この世は仮のものだから、ひと時も同じ状態にないこと。移り変わりやすいこと。

④ 青天白日・

雲ひとつなく晴れた日和。潔白であることが明らかになり、やましいことがないこと。

⑤ 外交辞令・

外交上、社交上で相手に好感を持たれる応対。口先だけのお世辞を言うこと。

⑥ 諸説紛々・

もろもろの意見やいろいろな説が、入りまじって乱れるさま。

⑦ 綱紀粛正・

政治の方針や政治家・役人の態度の乱れを正して、厳しく取り締まること。

⑧ 自然淘汰・

自然のなかで条件や環境に適したものが生き残り、そうでないものは滅びていくこと。

⑨ 心神喪失・

精神の障害により、自らの行動の理非善悪を認識する能力が欠けていること。

⑩ 才色兼備・

すぐれた才能と美しい容姿の両方をもっていること。多くは女性についていう。

Q 間違いやすい慣用句①

2つ並んだ表現のうち、どちらが正しい?

① 前門の狼、後門の虎
前門の虎、後門の狼

② 怒り心頭に発する
怒り心頭に達する

③ 先鞭を打つ
先鞭をつける

④ 袖振り合うも多生の縁
袖振り合うも多少の縁

⑤ 采配を振る
采配を振るう

⑥ 眉をしかめる
眉をひそめる

⑦ 三日にあげず
三日とあけず

⑧ 胸先三寸
胸三寸

⑨ 身も蓋もない
実も蓋もない

⑩ 多寡が知れる
高が知れる

A

①

○前門の虎、後門の狼

ひとつの災いを逃れて、さらに他の災いにあうこと。一難去ってまた一難。

③

○先鞭をつける

人に先んじて物事に手をつけること。先手を打つ、とはいうが、先鞭を打つとはいわない。

⑤

○采配を振る

戦陣で大将が兵卒を指揮するために用いた道具。それを振って指示を与えた。

⑦

○三日にあげず

たびたび、毎日のようにの意。「三日」は短い間のことで、「あげず」は間をおかないこと。

⑨

○身も蓋もない

露骨すぎて情味がないこと。身＝本体も蓋もなければ、隠すものもなく何もかもさらけ出している状態のこと。

②

○怒り心頭に発する

激しい怒りが心の中にわいてくること。「頭」があるためか「達する」と誤用されやすい。

④

○袖振り合うも多生の縁

何度も生まれ変わるという仏教の教えから、どんな小さな出来事でも深い因縁で結ばれているということ。

⑥

○眉をひそめる

不快や不満な表情を示すさま。顔をしかめるとはいうことから、誤用されることが多い。

⑧

○胸三寸

胸の中。「胸三寸に納める」などという。「舌先三寸」とはいうが「胸先三寸」とはいわない。

⑩

○高が知れる

たいしたことはないと想像つくこと。「高」とは見積もった最高値のこと。「高をくくる」の「高」も同じ。

Q 間違いやすい慣用句②

ひょっとして間違ったまま使っていませんか?

①	後生おそるべし	後世おそるべし
②	如何なく発揮する	遺憾なく発揮する
③	後《うし》ろ足で砂をかける	後《あと》足で砂をかける
④	うんちくを傾ける	うんちくを注ぐ
⑤	捜査の網にかかる	捜査の網の目にかかる
⑥	寸暇を惜しんで働く	寸暇を惜しまず働く
⑦	野次馬が鈴鳴り	野次馬が鈴生り
⑧	後へも先へも行かぬ	後へも先へも引かぬ
⑨	汚名を返上する	汚名を回復する
⑩	情けは人のためにならず	情けは人のためならず

A

①○後生おそるべし
後から生まれてくる者は、今後どんな力量を発揮するかわからないのでおそれなければならない、の意。「論語」から。

②○遺憾なく発揮する
心残りなく、十二分に実力をだすこと。「如何ともしがたい」などとは使うが、「如何なく」とはいわない。

③○後足で砂をかける
去りぎわにさらに迷惑をかけること。犬ではないので「後ろ足」はない。

④○うんちくを傾ける
「蘊蓄」と書き、「蘊」は積む、「蓄」は蓄えるの意。蓄えてきた知識などをすべて発揮すること。

⑤○捜査の網にかかる
「網」には規制するために張り巡らしたもの、という比喩的な意味がある。「網の目をくぐる」というが、「網の目にかかる」とはいわない。

⑥○寸暇を惜しんで働く
寸暇は「わずかな間」のこと。惜しむは「捨てがたい」「無駄にしない」こと。

⑦○野次馬が鈴生り
果実などが小さな鈴が群がりなっているようなことを「鈴生り」という。

⑧○後へも先へも行かぬ
進退がきわまり、にっちもさっちもいかないこと。「後へ引く」とはいうが、「先へ引く」ことはできない。

⑨○汚名を返上する
汚名とは不名誉な評判のこと。汚名回復、汚名挽回というと、さらに汚名を重ねることになる。

⑩○情けは人のためならず
情けをかけることは相手のためにならない、ということではない。情けをかければめぐりめぐって自分によい報いがくるということ。

Q 意味を間違いやすい言葉

本来の意味はどちらが正しいでしょうか？

①姑息な手段をとる ⬇卑怯な ⬇一時しのぎ	②学生はすべからく勉強すべきだ ⬇当然 ⬇すべて
③鳥肌が立つ演技だった ⬇感動的な ⬇ぞっとする	④気が置けない相手だ ⬇油断できない ⬇気をつかわない
⑤おっとり刀で駆けつける ⬇取るものもとりあえず ⬇のんびりと	⑥やおら身を起こした ⬇いきなり ⬇ゆっくりと
⑦歌のさわりを聴きたい ⬇最初の部分 ⬇一番よい部分	⑧憮然とした表情を浮かべた ⬇ぼんやりとした ⬇むっとした
⑨姥桜の艶姿 ⬇年を取って華やかさがない女性 ⬇娘盛りを過ぎても美しい女性	⑩奇特な人だ ⬇感心する ⬇風変わりな

A

①○一時しのぎ
「卑怯」とか「ずるい」という意味で使いがちだが、「姑」はしばらくの意で、一時しのぎ、その場のがれが正しい意味。

②○当然
「すべて」と音が似ているため誤用されがちだが、漢字にすると「須らく」となり、「べし」と呼応する。

③○ぞっとする
本来は恐怖や嫌悪で身の毛がよだつような悪い意味で使われるが、最近は感動したときにも使われている。

④○気をつかわない
「気遣いの必要がない」「遠慮がいらない」の意味で使われる。反対の意味に取られがちなので注意しよう。

⑤○取るものもとりあえず
腰に刀を差す暇もなく、手に持ったままの意。あわてて、急いで駆けつけたというさまをいう。

⑥○ゆっくりと
この言葉も反対の意味で理解している人が多い。あわてず、落ち着いて行動するさまをいう。

⑦○一番よい部分
義太夫節で、いちばんの聞かせどころ。転じて、芸能・音楽や小説などのもっともよいところをいう。

⑧○ぼんやりとした
失望や落胆でむなしい気持ちになること。その結果放心したままで、押し黙っているさまをいう。

⑨○娘盛りを過ぎても美しい女性
この言葉も反対の意味で使われていることが多い。いまでいう「美魔女」のことである。

⑩○感心する
特にすぐれて珍しいこと。心がけやおこないがよく、ほめるべきものであること。殊勝であることをいう。

難読漢字に挑戦①　虫の名前が入った単語

①金亀子

②紙虫

③椿象

④似我蜂

⑤花潜

⑥月鈴子

⑦歩行虫

⑧泡吹虫

⑨天道虫

⑩帝揚羽

⑪大蚊

⑫挙尾虫

⑬甲虫（こうちゅう　ではなく）

⑭独脚蜂

⑮菊吸天牛

⑯水澄

①こがねむし
体長2センチ足らずの卵形の体形をした、コガネムシ科の甲虫。

②しみ
体長1センチ程度のシミ科の昆虫の総称。「衣魚」「紙魚」とも書く。

③かめむし
カメムシ科の昆虫。触れると悪臭を発するものが多い。

④じがばち
体長2センチ程度で体色が黒い、アナバチ科に属するハチの総称。

⑤はなむぐり
主に熱帯・亜熱帯に分布する、コガネムシ科のうちハナムグリ亜科に属する昆虫の総称。

⑥すずむし
スズムシ科の昆虫。または、松虫の古名。

⑦おさむし
体長20～35ミリある、オサムシ科オサムシ亜科の昆虫の総称。

⑧あわふきむし
蝉に似た体形をしている、アワフキムシ科の昆虫の総称。

⑨てんとうむし
体長3ミリ以下～13ミリある、テントウムシ科に属する甲虫の総称。

⑩みかどあげは
日本の南部からアジアの熱帯地方に分布する、アゲハチョウ科の蝶。

⑪ががんぼ
蚊に似ていて脚が長い、ガガンボ科に属する昆虫の総称。

⑫しりあげむし
羽にきれいな斑紋をもつ種類が多い、シリアゲムシ科に属する昆虫の総称。

⑬かぶとむし
雄の頭上に長い角がある、コガネムシ科の甲虫。

⑭きばち
体が円筒形で腹部の基部がくびれていない、キバチ科とその近縁の蜂の総称。

⑮きくすいかみきり
体長8～9ミリ程度のカミキリムシ科の甲虫。菊やヨモギの茎をかんで産卵する。

⑯みずすまし
水中と外界とを同時に見られる複眼を持つ、ミズスマシ科の水生小甲虫。

難読漢字に挑戦②

鳥の名前が入った単語

① 珠鶏	② 乙鳥	③ 闘鶏（とうけい ではなく）	④ 家鴨
⑤ 桃花鳥	⑥ 水鶏	⑦ 秋沙	⑧ 野鶏（やけい と言わずに）
⑨ 懸巣	⑩ 善知鳥	⑪ 食火鶏	⑫ 人鳥
⑬ 信天翁	⑭ 金花（きんか ではなく）	⑮ 郭公花	⑯ 地也保

①ほろほろちょう
アフリカのサハラ砂漠以南に分布する、ホロホロチョウ科の鳥。

②つばめ、いっちょう
全長17センチ程度、上面が黒く下面は白、尾が二股に分かれている夏鳥。

③しゃも
江戸初期にタイから輸入されて日本で改良されたという、ニワトリの品種のひとつ。

④あひる
マガモを家禽化した、ガンカモ科の鳥。肉用、卵用、卵肉兼用などの品種がある。

⑤とき
全長70～80センチで、羽毛は白く翼と尾羽は鴇色（淡紅色）を帯びた、トキ科の鳥。

⑥くいな
本州以南で見られるクイナ科の冬鳥の総称だが、特に、ヒクイナを指すことが多い。

⑦あいさ
嘴が長く先が鉤形に曲がって縁が鋸歯状である、ガンカモ科の水鳥で冬鳥。

⑧きじ
全長80センチ程度で鶏に似た形状で尾が長い、キジ科の鳥。

⑨かけす
全長33センチ程度、全体は濃赤褐色で頭部は白地に黒斑がある、カラス科の鳥。

⑩うとう
北日本などの北太平洋に分布し、全長38センチ程度のウミスズメ科の海鳥。

⑪ひくいどり
ニューギニアやオーストラリアに分布する、ヒクイドリ科の鳥の総称。

⑫ペンギン
南半球の南極、亜南極の沿海に多くに分布する、ペンギン科の鳥の総称。

⑬あほうどり
全長92センチ程度、翼を広げると2メートルを超える、アホウドリ科の海鳥の総称。

⑭きびたき
全長13～14センチの、ヒタキ科ヒタキ亜科の夏鳥。

⑮ほととぎす
全体に灰色で、胸から腹に横斑があるカッコウ科の夏鳥。

⑯ちゃぼ
インドシナが原産地である小形品種の鶏の総称。

難読漢字に挑戦③ 動物の名前が入った単語

① 食蟻獣

② 黄色蛇

③ 沙蚕

④ 巨頭鯨

⑤ 蝸牛（かぎゅう と言わずに）

⑥ 竜子（りゅうし、たつのこ ではなく）

⑦ 泥亀（どろがめ と言わずに）

⑧ 寄居虫

⑨ 山棟蛇

⑩ 砂滑

⑪ 河鹿

⑫ 抹香鯨

⑬ 壁虎（へきこ と言わずに）

⑭ 金線蛙

⑮ 雨虎

⑯ 土豚（つちぶた ではなく）

①ありくい
長い舌に蟻や白蟻を粘着させて食べる、アリクイ科の哺乳類の総称。

②あおだいしょう
日本の本土では最大となる、ナミヘビ科の無毒蛇。

③ごかい
日本各地の田の溝の中や汽水域の泥中にすむ、ゴカイ科の環形動物の一種。

④ごんどうくじら
温帯～熱帯の海に分布する、マイルカ科ゴンドウクジラ属に含まれる歯鯨の総称。

⑤かたつむり
殻から頭や胴の一部を出して移動する、有肺類に属する大形陸貝の総称。

⑥いもり
体長8～11センチで、背面は黒褐色、腹面が赤色で黒い斑点があるイモリ科の両生類。

⑦すっぽん
北海道を除く日本各地と東アジア、インドシナ北部に分布するスッポン科の爬虫類。

⑧やどかり、ごうな
ヤドカリ科、ホンヤドカリ科、オカヤドカリ科などの甲殻類の総称。

⑨やまかがし
北海道以外の日本や朝鮮半島などに分布する、ナミヘビ科の有毒蛇。

⑩すなめり
インド洋から日本の沿岸近くに分布する、ネズミイルカ科の歯鯨。

⑪かじか
カジカガエルの別名。本州、四国、九州の渓流に分布する、アオガエル科の蛙。

⑫まっこうくじら
世界中の海を回遊する、マッコウクジラ科の巨大な歯鯨。

⑬やもり
福島県以南の人家や周辺の林にすむ、ヤモリ科の爬虫類。

⑭きんせんがえる
殿様蛙の異名。体長5～9センチの、アカガエル科の蛙。

⑮あめふらし
ナメクジに似た形状で体内に退化した殻を持つ、アメフラシ科の軟体動物の総称。

⑯もぐら
目が退化し、前足は大きくシャベル状で土中にすむ、モグラ科の哺乳類の総称。

難読漢字に挑戦④
古い月の異名

① 早緑月

② 弟子月

③ 鳴神月

④ 開冬

⑤ 小田刈月

⑥ 仲夏

⑦ 燕去月

⑧ 春惜月

⑨ 殿春

⑩ 小草生月

⑪ 風待月

⑫ 窮陰

⑬ 文披月

⑭ 神楽月

⑮ 夏端月

⑯ 端月

①さみどりづき
陰暦の1月の別名。木や草が次第に緑がついてくるという意味。

②おとこづき
陰暦の12月の別名。末の子どもを弟子ということから、1年最後の月の意味。

③なるかみづき
陰暦の6月の別名。雷鳴が多い月の意味。

④かいとう
陰暦の10月の別名。冬が始まる月の意味。

⑤おだがりづき
陰暦の9月の別名。田の稲を刈りとる月の意味。

⑥ちゅうか
陰暦の5月の別名。三か月ある夏の真ん中の月であることから。

⑦つばめさりづき
陰暦の8月の別名。燕が南方に去っていく月である意味。

⑧はるおしみづき
陰暦の3月の別名。3月は陰暦で春の終わる季節であることから。

⑨でんしゅん
陰暦の3月の別名。「殿」の字に最後の意味があることから。

⑩おぐさおいづき
陰暦の2月の別名。小草が生え始める月の意味。

⑪かざまちづき
陰暦の6月の別名。6月は炎暑が続き、涼風を待つ意味から。

⑫きゅういん
陰暦の12月の別名。冬の末、陰気の窮極の意味から。

⑬ふみひろげづき
陰暦の7月の別名。書を広げて曝す月の意味。

⑭かぐらづき
陰暦の11月の別名。冬至の時期に神楽が多く行われたことから。

⑮なつはづき
陰暦の4月の別名。夏の初めの月であることから。

⑯たんげつ
陰暦の正月の別名。「端」は初めの意味。秦の始皇帝が「正」の字を嫌ったことから。

難読漢字に挑戦⑤ 二十四節気

① 立夏	② 穀雨	③ 処暑	④ 小雪
⑤ 白露	⑥ 冬至	⑦ 霜降	⑧ 秋分
⑨ 小満	⑩ 芒種	⑪ 小暑	⑫ 啓蟄
⑬ 雨水	⑭ 寒露	⑮ 清明	⑯ 大寒

①りっか
二十四節気の第七。いまの暦の5月5日頃。夏の気配が感じられる頃の意味。

②こくう
二十四節気の第六。いまの暦の4月20日頃。百穀を潤し、芽を出させる雨の意味。

③しょしょ
二十四節気の第十四。いまの暦の8月23日頃。暑さの峠が過ぎて落ち着く時期の意味。

④しょうせつ
二十四節気の第二十。いまの暦の11月22日。わずかながら雪が降り始める頃の意味。

⑤はくろ
二十四節気の第十五。いまの暦の9月8日頃。大気が冷えてきて、露ができ始める頃の意味。

⑥とうじ
二十四節気の第二十二。いまの暦の12月22日頃。昼が最も短く夜が最も長くなる日。

⑦そうこう
二十四節気の第十八。いまの暦の10月23日頃。冷気で露が霜となって降り始める頃の意味。

⑧しゅうぶん
二十四節気の第十六。いまの暦の9月23日頃。秋の彼岸の中日にあたる。

⑨しょうまん
二十四節気の第八。いまの暦の5月21日頃。草木が茂って天地に満ち始める頃の意味。

⑩ぼうしゅ
二十四節気の第九。いまの暦の6月6日頃。稲や麦などの穀物の種をまく頃。

⑪しょうしょ
二十四節気の第十一。いまの暦の7月7日頃。梅雨明けが近付き暑さが本格的になる頃。

⑫けいちつ
二十四節気の第三。いまの暦の3月6日頃。冬籠りしていた虫が出てくる意味。

⑬うすい
二十四節気の第二。いまの暦の2月19日頃。水が温かくなり、草木の芽ばえる頃の意味。

⑭かんろ
二十四節気の第十七。いまの暦の10月8日頃。露が冷気によって凍りそうになる頃の意味。

⑮せいめい
二十四節気の第五。いまの暦の4月5日頃。万物が清清しく明るく美しい頃の意味。

⑯だいかん
二十四節気の第二十四。いまの暦の1月20日頃。1年のうちで最も寒い頃の意味。

難読漢字に挑戦⑥

年齢の特別な呼び方

①古希

②大還暦

③傘寿

④破瓜

⑤喜寿

⑥初老

⑦白寿

⑧茶寿

⑨年増

⑩甲寿

⑪志学

⑫立年

⑬卒寿

⑭弱冠

⑮皇寿

⑯琹寿

①**こき**
七十歳。杜甫の詩より。

②**だいかんれき**
百二十歳。元長寿世界一の泉重千代さんが百二十歳になったときに名づけられた。

③**さんじゅ**
傘の文字の略字が八、十に分解できることから。

④**はか**
女性十六歳。男性六十四歳。瓜の文字が八と八が重なっているように見えることから。

⑤**きじゅ**
七十七歳。喜の文字の俗字「㐂」が七の文字が重なっていることから。

⑥**しょろう、はつおい**
四十歳。

⑦**はくじゅ**
九十九歳。百の文字から一を引くと白になることから。

⑧**ちゃじゅ**
百八歳。茶の字が十、十、八十八に分解でき、それらを合計すると108歳になる。

⑨**としま**
30代後半から40歳前後の女性。江戸時代では20歳前後の女性を指していた。

⑩**こうじゅ**
二千一歳。甲の文字が二、千、一に分解できることから。

⑪**しがく**
男性の十五歳。論語より。

⑫**りゅうねん**
三十歳。論語より。

⑬**そつじゅ**
九十九歳。卒の文字が九、十、九に分解できることから。

⑭**じゃっかん**
男性の二十歳。礼記より。

⑮**こうじゅ**
百十一才。皇の文字が白(99)、十、一、一に分解できることから。

⑯**かんじゅ**
二千十八歳。栞の文字が千、千、十、八に分解できることから。

難読漢字に挑戦⑦

日本の難読地名　自然編

① 神威岳

② 然別湖

③ 月山

④ 奥入瀬渓流

⑤ 武尊山

⑥ 御蔵島

⑦ 空木岳

⑧ 寸又峡

⑨ 石廊崎

⑩ 天橋立

⑪ 大山

⑫ 四万十川

⑬ 大崩山

⑭ 川内川

⑮ 比謝川

⑯ 西表島

①かむいだけ
北海道中南部、日高山脈にある山。日高山脈襟裳国定公園内に属す日本百名山のひとつ。

②しかりべつこ
北海道の中央部にある湖。大雪山国立公園に属している。

③がっさん
山形県の中部にある火山。出羽三山、日本百名山のひとつ。夏スキーでも有名。

④おいらせけいりゅう
青森県の東部を流れる奥入瀬川の一部。十和田八幡平国立公園に属し景勝地として有名。

⑤ほたかやま
群馬県の北部にある火山。日本百名山、新・花の百名山のひとつ。

⑥みくらじま
東京都、伊豆諸島にある火山島。周辺海域の野生イルカの生息地として有名。

⑦うつぎだけ
長野県の南西部、木曽山脈（中央アルプス）第二の高峰。日本百名山のひとつ。

⑧すまたきょう
静岡県の北部、大井川最大の支流である寸又川にある峡谷。夢の吊橋が有名。

⑨いろうざき
静岡県伊豆半島の最南端にある岬。明治４年に建てられた灯台でも有名。

⑩あまのはしだて
京都府の北部、日本海に面する宮津湾にある名勝。日本三景のひとつ。

⑪だいせん
鳥取県の西部にある火山。別名、伯耆富士。日本百名山のひとつ。

⑫しまんとがわ
高知県の西部を流れる四国最長の川。河川法上は「渡川」と称されている。

⑬おおくえやま
宮崎県北部にある山。祖母傾国定公園に属している。

⑭せんだいがわ
白髪岳が源流で、九州南部の熊本、宮崎、鹿児島の三県を流れる川。

⑮ひじゃがわ
読谷山が源流で沖縄本島の中部を流れる、同島最大の流域面積をもつ川。

⑯いりおもてじま
沖縄諸島南西部、八重山諸島にある島。島の約三分の一が西表国立公園である。

難読漢字に挑戦⑧

日本の難読地名　温泉編

①留寿都温泉

②積丹温泉

③酸ヶ湯温泉

④上山温泉

⑤加仁湯温泉

⑥四万温泉

⑦高遠温泉

⑧熱川温泉

⑨下呂温泉

⑩入鹿温泉

⑪出石温泉

⑫羽合温泉

⑬湯迫温泉

⑭大歩危温泉

⑮鉄輪温泉

⑯指宿温泉

①るすつおんせん

北海道の南西部、羊蹄山の南東部にある温泉。

②しゃこたんおんせん

北海道の西部、積丹半島にある温泉。神威岬と積丹岬に挟まれた日本海にのぞんでいる。

③すかゆおんせん

青森市の南部、八甲田山の西麓にある温泉。千人風呂で有名。

④かみのやまおんせん

山形県の南東部にある温泉。湯野浜、東山とともに奥州三楽郷のひとつ。

⑤かにゆおんせん

栃木県の奥鬼怒温泉郷にある温泉。

⑥しまおんせん

群馬県の北部にある温泉。草津、伊香保とともに、上毛三湯のひとつに数えられる。

⑦たかとおおんせん

長野県の中東部にある温泉。高遠さくらは全国的にも有名。

⑧あたがわおんせん

静岡県の東伊豆にある温泉。近くにある、熱川バナナワニ園でも有名。

⑨げろおんせん

岐阜県中東部にある温泉。日本三名泉のひとつ。

⑩いるかおんせん

三重県の北山川沿いにある温泉。近くには、名勝・瀞八丁がある。

⑪いずしおんせん

兵庫県の北東部にある温泉。地元の名産、出石そば(皿そば)が有名。

⑫はわいおんせん

鳥取県の中部にある温泉。現在は「はわい温泉」と平仮名表記になっている。

⑬ゆばおんせん

岡山市にある温泉。関白・藤原基房が発見して、湯治に通ったと伝えられている。

⑭おおぼけおんせん

徳島県の西部、四国山脈を横断する吉野川中流部の峡谷にある温泉。

⑮かんなわおんせん

大分県の別府温泉郷にある温泉。地獄めぐりの中心で各所に湯が噴出している。

⑯いぶすきおんせん

鹿児島県の薩摩半島南東部にある温泉。海岸沿いの砂風呂で有名。

難読漢字に挑戦⑨

仏教の世界

① 般若心経

② 祇園精舎

③ 仏陀

④ 弥勒菩薩

⑤ 降魔成道

⑥ 曼荼羅

⑦ 須弥山

⑧ 菩提樹

⑨ 冥加

⑩ 沐浴

⑪ 阿闍梨

⑫ 四諦八正道

⑬ 托鉢

⑭ 諸行無常

⑮ 四門出遊

⑯ 梵天

①はんにゃしんぎょう

般若経典の精髄を簡潔に説いた経典で、般若波羅蜜多心経の略称。

②ぎおんしょうじゃ

須達長者が舎衛国の祇陀太子の庭園を買って、釈迦のために施入した寺院。

③ぶっだ

仏のこと。特に、釈迦如来を指すが、後に正しい悟りを得た者をいうようになる。

④みろくぼさつ

菩薩のひとつ。釈迦入滅後五六億七千万年後にこの世に現れて衆生を救うといわれる。

⑤ごうまじょうどう

釈尊が悟りを開くのを邪魔する悪魔の攻撃を退けて悟りを開いた話。

⑥まんだら

仏の悟りの境地である宇宙の真理を表し、如来や菩薩などを体系的に配列して図示した。

⑦しゅみせん

古代インド神話の世界観の中で中心にそびえる高山。大海中にそびえる。

⑧ぼだいじゅ

釈迦がその下で悟りを開いたとされる木。三大聖木のひとつ。

⑨みょうが

知らないうちに受ける神仏の加護、恩恵。偶然の幸いや利益を神仏から賜ったもの。

⑩もくよく

水を頭から浴びて身体を清め、罪を洗い流し功徳を増すこと。

⑪あじゃり

修行僧たちの規範となって法（競技）を教授する高僧。

⑫したいはっしょうどう

無我の真理を発見する道で、人間存在と法との究極的合一への実践法。

⑬たくはつ

出家者が鉢を持って食のほどこしを受ける、修行の一環。

⑭しょぎょうむじょう

三法印のひとつ。あらゆる存在や現象は変化し生滅し永久不変なものはないこと。

⑮しもんしゅつゆう

釈迦が王宮の4つの門から出かけ、老人、病人、死人、修行者と出会い、出家した伝説。

⑯ぼんてん

古代インド神話の世界の創造主が、仏教に取り入れられて仏法護持の神となったもの。

難読漢字に挑戦⑩

平安貴族の雅な世界

① 朝臣

② 雅楽頭

③ 蔵人

④ 内裏

⑤ 検非違使

⑥ 御息所

⑦ 陰陽頭

⑧ 公達

⑨ 延喜式

⑩ 更衣

⑪ 上達部

⑫ 雑色

⑬ 右兵衛督

⑭ 中務省

⑮ 節会

⑯ 口遊

①あそみ、あそん
皇子・皇孫にも与えられた姓の第一位。後に、五位以上の人につける敬称となる。

②うたのかみ
治部省に置かれた、我が国在来の歌舞や外来の歌舞を教習した雅楽寮の長官。

③くろうど、くらんど
天皇の衣食などに奉仕し、機密文書の管理をするなど、宮中の雑事を扱う蔵人所の役人。

④だいり
天皇の居所を中心とする御殿。御所、皇居、禁裏、禁中、大内ともいう。

⑤けびいし
京都の犯罪や風俗の取り締まる警察業務を担当した役職。後に、訴訟、裁判も扱った。

⑥みやすどころ
天皇の寝所に仕えた女御、更衣、その他の宮女の女官。または、皇太子、親王の妃。

⑦おんみょうのかみ
中務省に置かれた、暦や天文、地理などを管理する陰陽寮の長官。

⑧きんだち
親王、諸王などの皇族の人々。または、摂関家などの高貴な家柄の子ども。

⑨えんぎしき
平安中期に作られた律令の施行細則。五十巻から成る。

⑩こうい
平安時代の女官職。天皇の衣替えを担当していたが、寝所に奉仕するようになった。

⑪かんだちめ
摂政、関白、太政大臣、左・右大臣、大・中納言、参議、三位以上の官位の総称。

⑫ぞうしき
高級貴族や官司の家で、雑役に従事していた下男や召し使い。

⑬うひょうえのすけ
天皇やその家族の近侍や護衛をする右兵衛府の長官。

⑭なかおまつりごとのつかさ
律令制の八省のひとつで、天皇に近侍し、詔勅の宣下などを司った。

⑮せちえ
宮中で節日やその他公事のある日に、上級家臣を集めて天皇が出御して行った宴会。

⑯くちずさみ
平安時代の教科書、事典。公家の子弟が初歩的な知識を学んだ。

難読漢字に挑戦⑪　江戸時代のおもしろ職業

① 棒手振

② 十九文見世

③ 札差

④ 口入屋

⑤ 月済金

⑥ 損料屋

⑦ 鏡磨

⑧ 足力

⑨ 飛脚

⑩ 徒歩渡し

⑪ 献残屋

⑫ 髪結床

⑬ 鋳掛屋

⑭ 旅籠

⑮ 水茶屋

⑯ 見倒屋

①ぼてふり
両端に商品を入れた容器を下げた天秤棒を肩に担いで街中を歩きながら売る行商人。

②じゅうきゅうもんみせ
扱っている商品が全部19文の江戸時代版百円ショップ。

③ふださし
旗本や御家人の蔵米を販売代行する商人。そこから米を担保にした金貸しになった。

④くちいれや
御家人や旗本に臨時雇いの奉公人を紹介する江戸時代の人材派遣業者。

⑤つきなしかね
毎月決まった金額を返済する契約をした借金、およびそのお金を貸す商人。

⑥そんりょうや
家財道具や衣料、夜具を貸す江戸時代のレンタルショップ。

⑦かがみとぎ
江戸時代の鏡は青銅製のため、よくくもるので、それを磨き直していた職人。

⑧そくりき
手だけでなく、杖を使って相手の腰を足踏みマッサージする按摩業。

⑨ひきゃく
遠くにいる相手に、手紙、金銭、小荷物などを届けた配達人。

⑩かちわたし
4、5人の男が2本の棒に板を渡したものかつぎ、旅人を乗せて川を渡る運搬人。

⑪けんざんや
武家への付け届けや献上品などを下取りして転売するリサイクルショップ。

⑫かみゆいどこ
江戸時代の床屋。男性の髪を結い、髭や月代を剃った。当時は庶民の社交場でもあった。

⑬いかけや
壊れた鍋や釜などの金属製品をハンダ付けして修理する職人。

⑭はたご
江戸時代にあった食事付きの宿屋。

⑮みずぢゃや
社寺の境内や道端で、お茶などを出して休憩させた店。

⑯みたおしや
おもに庶民が利用した古物商。どんなものでも買い取ってくれた。

難読漢字に挑戦⑫　外来語の動植物の名前

①乙士世伊

②万寿樹

③猟虎

④甘藍

⑤風信子

⑥竜髭菜

⑦秋桜

⑧金糸雀

⑨阿利部

⑩長尾驢

⑪番紅花

⑫鬱金香

⑬子守熊

⑭覇王樹

⑮加加阿

⑯馴鹿

①オットセイ
北太平洋に生息するアシカ科の哺乳類。四肢はヒレ状で全身が刺毛や綿毛が密生している。

②パパイア
アメリカ熱帯地方の原産のパパイア科の小高木。約20センチの実をつける。

③ラッコ
北太平洋に生息するイタチ科の哺乳類。石を使って貝殻を割って食べることで有名。

④キャベツ
ヨーロッパ海岸地方の原産のアブラナ科の越年草。日本には明治初期に入ってきた。

⑤ヒヤシンス
地中海原産のユリ科の多年草。理科の授業の水耕栽培で知っている人も多い。

⑥アスパラガス
ユリ科の多年草の総称。食用のほか、観賞用としても栽培されている。

⑦コスモス
メキシコ原産のキク科の一年草。桃、赤、白色などの花をつける。

⑧カナリア
カナリア諸島などに分布するスズメ目アトリ科の鳥。品種改良により美しい羽色になった。

⑨オリーブ
地中海地方または小アジア原産のモクセイ科の常緑高木。塩蔵用と採油用が栽培されている。

⑩カンガルー
オーストラリアやニューギニアに分布する有袋目カンガルー科の哺乳類の総称。

⑪サフラン
南ヨーロッパ・小アジア地方原産のアヤメ科の多年草。秋咲きクロッカスのこと。

⑫チューリップ
小アジア原産のユリ科の多年草。品種改良が盛んで、先物取引の対象になった時代がある。

⑬コアラ
オーストラリアに分布する有袋目コアラ科の哺乳類。ユーカリの葉を食べることで有名。

⑭サボテン
主にアメリカ大陸の熱帯・亜熱帯の乾燥地帯に生育するサボテン科の植物の総称。

⑮カカオ
中南米原産のアオギリ科の常緑小高木。種子を発酵させたものがカカオ豆。

⑯トナカイ
北極地方のツンドラ地帯に群をなして生息するシカ科の哺乳類。カリブーともいう。

難読漢字に挑戦⑬　外来語のスポーツの名前

① 羽球	② 蹴球	③ 洋弓	④ 氷球
⑤ 庭球	⑥ 送球	⑦ 鎧球	⑧ 杖球
⑨ 撞球	⑩ 拳闘	⑪ 闘球	⑫ 避球
⑬ 排球	⑭ 柱技	⑮ 打球	⑯ 籠球

①バドミントン
シャトルとよばれる羽毛球をラケットを使って打ち合う競技。

②サッカー
手を使わずにボールをゴールに入れる球技。アソシエーション・フットボールの別名。

③アーチェリー
ヨーロッパで生まれたメディタレニアン・スタイル（地中海型）の弓術競技。

④アイスホッケー
ゴム製のパックをスティックを使ってゴールに入れる氷上スケート競技。

⑤テニス
ラケットを使って相手のコートにボールを打ち合う球技。

⑥ハンドボール
ひとつのボールを投げてゴールに入れる球技。現在は7人制のみ行われている。

⑦アメリカンフットボール
アメリカ合衆国で、サッカーとラグビーをもとにして生まれた球技。

⑧ホッケー
スティックを使ってボールをドリブルやシュートしてゴールに入れる球技。

⑨ビリヤード
特定のテーブルの上に置かれた玉をキューを使って打つ球技。

⑩ボクシング
両手にグローブをはめた競技者が殴りあう競技。古代オリンピックでも行われていた。

⑪ラグビー
楕円形のボールを相手のゴールに持ち込む球技。正式名称はラグビーフットボール。

⑫ドッジボール
コート内にいる選手が相手が投げたボールを受け損なうとアウトになる球技。

⑬バレーボール
ボールをつかんだり落とすことなく、ネットを挟んだ相手のコートに入れる球技。

⑭ボウリング
ボールを転がしてピンを倒す球技。10本のピンを倒すテンピン・ボウリングが一般的。

⑮ゴルフ
コース上に静止したボールをクラブを使って打ち、規定打数でホールに入れる球技。

⑯バスケットボール
ボールを保持したまま歩くことを禁じた相手チームのバスケットに入れる球技。

難読漢字に挑戦⑭ 世界の歴史上の人物

① 琳閣倫

② 奈破翁

③ 伽利略

④ 紐頓

⑤ 華盛頓

⑥ 沙翁

⑦ 聖倶労欺

⑧ 伊曾保

⑨ 成吉思汗

⑩ 可倫

⑪ 該撒

⑫ 亜理斯多列氏

⑬ 基督

⑭ 達爾文

⑮ 克勒巴都拉

⑯ 比答我勅

①リンカーン
アメリカ合衆国第16代大統領。南北戦争における奴隷解放宣言で有名。

②ナポレオン
フランス革命の英雄で、後にフランス第一帝政の皇帝となった人物。

③ガリレオ
イタリアの物理学者、天文学者。地動説支持による宗教裁判など近代科学の礎を築いた。

④ニュートン
イギリスの物理学者、数学者、天文学者。万有引力の法則の発見などで有名。

⑤ワシントン
アメリカ独立戦争の英雄で、後にアメリカ合衆国初代大統領となる。

⑥シェークスピア
イギリスの詩人、劇作家。四大悲劇などの作品が有名。

⑦サンタクロース
4世紀の初めに司教をしていたキリスト教の聖人、聖ニコラスの別称。

⑧イソップ
紀元前のギリシアにいたとされる人物。『イソップ物語』の作者と言われている。

⑨ジンギスカン
モンゴル帝国の創設者。チンギス・ハンが正しい名前。

⑩コロンブス
イタリア出身の冒険家。スペイン女王の援助を受けて西インド諸島を発見した。

⑪シーザー
古代ローマ、共和政末期の政治家、軍人。古代ローマ帝国の礎を築いた。

⑫アリストテレス
古代ギリシアの哲学者。アレクサンドロス大王の教育をしたことでも有名。

⑬キリスト
キリスト教の始祖。エルサレム郊外のゴルゴダの丘で処刑された。

⑭ダーウィン
イギリスの生物学者。イギリス海軍の船ビーグル号での経験をもとに進化論を発表した。

⑮クレオパトラ
エジプトのプトレマイオス朝最後の女王。世界三大美女のひとりに数えられている。

⑯ピタゴラス
古代ギリシアの自然学者、数学者、宗教家。ピタゴラスの定理などの発見で有名。

難読漢字に挑戦⑮
夏目漱石の小説に出てくる当て字

① 一寸

② 算盤

③ 閊

④ 歴乎とした

⑤ 我無洒落

⑥ 無暗に

⑦ 仕舞つた

⑧ 御音信

⑨ 不中用

⑩ 反間

⑪ 午飯

⑫ 故意とらしい

⑬ 何う

⑭ 場穴

⑮ 八釜しい

⑯ 硝子

①ちょっと
数量、距離がわずかなことを表す「一寸」を使った当て字。短い時間にも使われる。

②そろばん
日本や中国などで使われている計算器具。上下二段に分かれた珠を動かして計算する。

③ひま
継続した動作などの合間に生じたわずかな時間。

④れっきとした
確かなものとして世間から認められているさま。「歴と」が音変化した。

⑤がむしゃら
血気にはやり向こうみずであること。

⑥むやみに
物事の前後や結果などを考えずに一途に行動する様子。

⑦しまった
物事が終わる「仕舞」に完了の助動詞「た」を付けた、失敗したときに発する言葉。

⑧おたより
「音信」は便りや通信を指す言葉で、その単語に尊敬を表す「御」を付けた言葉。

⑨やくざ
「不中用」は役に立たないことなどを指す言葉で、転じて不要な人物を示した。

⑩へま
気の利かないこと。間の抜けていること。「反間」はスパイを指す言葉だが無関係。

⑪ひる
昼食のこと。午は、正午のことを指している。

⑫わざとらしい
いかにも意識しているような不自然な様子。

⑬どう
物事などが不明または不特定であることを表す気持ちを表現した言葉。

⑭バケツ
ブリキなどで作られた水を入れる桶型の容器。持ち手のツルがついている。

⑮やかましい
声や物音がうるさく不快なさま。また、人々が話題にして騒いでいる様子。

⑯ガラス
凝固したときに原子配列が非晶体となった物質。一般的にはケイ酸塩ガラスを指す。

難読漢字に挑戦⑯　中国語の企業名

① 索尼	② 雅虎	③ 百楽満	④ 安利
⑤ 宝麗来	⑥ 波音	⑦ 三星	⑧ 泰爾茂
⑨ 吉利	⑩ 佳能	⑪ 禄普	⑫ 標准普爾
⑬ 通用電気	⑭ 摩根士丹利	⑮ 飛利浦	⑯ 微軟

①ソニー
日本の家電メーカー。

②ヤフー
アメリカのIT企業。

③パロマ
日本のガス器具メーカー。

④アムウェイ
アメリカの日用品販売会社。

⑤ポラロイド
アメリカのカメラ、フィルムメーカー。

⑥ボーイング
アメリカの航空機メーカー。

⑦サムソン
韓国の家電メーカー。

⑧テルモ
日本の医療機器メーカー。

⑨ジレット
アメリカの髭剃りメーカー。

⑩キヤノン
日本のカメラ、ＯＡ機器メーカー。

⑪ダンロップ
イギリスのゴム、タイヤメーカー。

⑫スタンダード&プアーズ
アメリカの格付会社。

⑬ゼネラルエレクトリック
アメリカの総合電機メーカー。

⑭モルガンスタンレー
アメリカの証券会社。

⑮フィリップス
オランダの家電メーカー。

⑯マイクロソフト
アメリカのコンピュータソフトメーカー。

難読漢字に挑戦⑰ 中国語のお店の名前

① 麦当労

② 伊藤洋華堂

③ 当肯甜甜圏

④ 必勝客

⑤ 宜家

⑥ 楽天利

⑦ 硬石餐庁

⑧ 羅森

⑨ 賽百味

⑩ 達美楽比薩

⑪ 家楽福

⑫ 肯徳基

⑬ 永旺

⑭ 優衣庫

⑮ 星巴克

⑯ 漢堡王

①マクドナルド
アメリカ生まれのハンバーガーショップチェーン。

②イトーヨーカ堂
日本生まれの大規模小売店。

③ダンキンドーナツ
アメリカ生まれのドーナツショップチェーン。

④ピザハット
アメリカ生まれの宅配ピザチェーン。

⑤イケア
スウェーデン生まれの大型家具店。

⑥ロッテリア
日本生まれのハンバーガーショップチェーン。

⑦ハードロックカフェ
アメリカ生まれのレストラン。

⑧ローソン
日本生まれのコンビニエンスストア。

⑨サブウェイ
アメリカ生まれのサンドウィッチショップチェーン。

⑩ドミノピザ
アメリカ生まれの宅配ピザチェーン。

⑪カルフール
フランス生まれの大規模小売店。

⑫ケンタッキーフライドチキン
アメリカ生まれのフライドチキンショップチェーン。

⑬イオン
日本生まれの大規模小売店。

⑭ユニクロ
日本生まれの衣料メーカー、大型衣料品店。

⑮スターバックスコーヒー
アメリカ生まれのコーヒーショップチェーン。

⑯バーガーキング
アメリカ生まれのハンバーガーショップチェーン。

共通の漢字を見つけられますか⑥

矢印の方向につなぐと単語ができる5つの漢字のうち、4つを使ってできる四字熟語は？

❶
突
打　読
□
線　格
談

❷
鬼
城　表
□
人　松
限

❸
画
同　万
□
帯　味
筋

❹
苦
失　微
□
話　止
劇

❺
童
朝　横
□
役　色
料

□の漢字4つを使ってできる四字熟語は？

解答

破《は》顔《がん》一《いっ》笑《しょう》

❶

打	突	読
	破	
線	談	格

❷

城	鬼	表
	門	
人	限	松

❸

同	画	万
	一	
帯	筋	味

❹

失	苦	微
	笑	
話	劇	止

❺

朝	童	横
	顔	
役	料	色

共通の漢字を見つけられますか⑦

矢印の方向につなぐと単語ができる5つの漢字のうち、4つを使ってできる四字熟語は？

❶
年
代　発
□
現　明
口

❷
注
不　故
□
地　中
図

❸
正
馬　工
□
相　談
影

❹
納
独　会
□
失　票
手

❺
充
円　末
□
月　開
腹

□の漢字4つを使ってできる四字熟語は？

解答

得《とく》意《い》満《まん》面《めん》

❶

	年	
発		代
	表	
明		現
	口	

❷

	注	
故		不
	意	
中		地
	図	

❸

	正	
工		馬
	面	
談		相
	影	

工面（くめん）

面影（おもかげ）

❹

	納	
会		独
	得	
票		失
	手	

会得（えとく）

❺

	充	
未		円
	満	
開		月
	腹	

「手」で終わる漢字

リストの漢字を一度ずつ使って□に埋めて、「手」で終わる三字単語を作りましょう。リストに残った漢字と「手」でできる三字単語は？

漢字のリスト

下	日	王	切	転	得
野	好	抜	負	剛	番
勝	換	敵	撃		

勝	□	手		交	□	手
小	□	手		一	□	手
口	□	手		運	□	手
遊	□	手		不	□	手
千	□	手		身	□	手
金	□	手		片	□	手
両	□	手		外	□	手

リストに残った漢字と手でできる単語は？

□□□

解答

好敵手《こうてきしゅ》

漢字のリスト

~~下~~ ~~日~~ ~~王~~ ~~切~~ ~~転~~ ~~得~~
~~野~~ 好 ~~抜~~ ~~負~~ ~~剛~~ ~~番~~
~~勝~~ ~~換~~ 敵 ~~撃~~

勝負手　交換手

小切手　一番手

口《くち》下《べ》手《た》　運転手

遊撃手　不得手

千日手　身勝手

金剛手　片《かた》抜《ぬき》手《で》

両《りょう》王《おう》手《て》　外野手

その人物を表すのは？

人物を表す三字単語が並んでいます。例のように3つの漢字を部首にみたてて、1つの漢字を作り、□に入れて単語を作りましょう。リストの漢字は一度ずつ使います。

漢字のリスト

又	豆	西	木	口	立	耳
月	大	臣	糸	王	女	門
公	見	心	土	米	寸	頁

例
女＋又＋力
↓
□力家
（努力家）

□＋□＋□
↓
□会屋

□＋□＋□
↓
内□王

□＋□＋□
↓
□巾着

□＋□＋□
↓
新人□

□＋□＋□
↓
中□手

□＋□＋□
↓
□職者

□＋□＋□
↓
□牛士

解答

漢字のリスト

~~又~~	~~豆~~	~~西~~	~~木~~	~~口~~	~~立~~	~~耳~~
~~月~~	~~大~~	~~臣~~	~~糸~~	~~王~~	~~女~~	~~門~~
~~公~~	~~見~~	~~心~~	~~土~~	~~米~~	~~寸~~	~~頁~~

糸＋公＋心 → 総会屋

立＋木＋見 → 内親王

月＋西＋女 → 腰《こし》巾《ぎん》着《ちゃく》

米＋大＋頁 → 新人類

臣＋又＋土 → 中《ちゅう》堅《けん》手《しゅ》

耳＋口＋王 → 聖職者

門＋豆＋寸 → 闘牛士

どんな金物《かなもの》になるのかな？

例のように○に入る漢字に「金へん」をつけ、金物を作りましょう。リストの金物のうち、該当しなかった1つは？

漢字のリスト

かま	すき	はり
くぎ	すず	びょう
くわ	のこぎり	ぼたん
じょう	はち	もり

例 ○設業→鍵
○＝建　（かぎ）

弁勘○→□

千○楽→□

紙芝○→□

生一○→□

○二単→□

○隊蟻→□

前○上→□

司○塔→□

長広○→□

○寧語→□

○六園→□

リストに残った1つは？

解答

すき

〔鋤〕

漢字のリスト		
~~かま~~	すき	~~はり~~
~~くぎ~~	~~すず~~	~~びょう~~
~~くわ~~	~~のこぎり~~	~~ぼたん~~
~~じょう~~	~~はち~~	~~もり~~

丼《どんぶり》勘《かん》定《じょう》→錠《じょう》

千《せん》秋《しゅう》楽《らく》→鍬《くわ》

生《き》一《いっ》本《ぽん》→鉢《はち》

兵《へい》隊《たい》蟻《あり》→鋲《びょう》

司《し》令《れい》塔《とう》→鈴《すず》

丁《てい》寧《ねい》語《ご》→釘《くぎ》

紙《かみ》芝《しば》居《い》→鋸《のこぎり》

十《じゅう》二《に》単《ひとえ》→針《はり》

前《まえ》口《こう》上《じょう》→釦《ぼたん》

長《ちょう》広《こう》舌《ぜつ》→銛《もり》

兼《けん》六《ろく》園《えん》→鎌《かま》

成長する単語

例を参考に、単語の読みガナの頭文字の前に1字ずつ増やしてゆくと、単語がどんどん変身をとげます（小文字の読みガナは大文字と同じものとみなします）。同じようにリストの漢字をうまく空ランに埋めて、読みガナを成長させましょう。

漢字のリスト

液　迂　甲　苦　海　器　血　席
気　爽　内　私　理　極　滋

例　雨《う》季《き》 → 容《よう》器《き》 → 正《しょう》気《き》

□養 → □情 → □上

□斐 → □回 → □快

□容 → □量 → □料

□苔 → □糊 → □法

□用 → □象 → □晶

解答

滋《じ》	養《よう》	➡	苦《く》	情《じょう》	➡	極《ごく》	上《じょう》
甲《か》	斐《い》	➡	迂《う》	回《かい》	➡	爽《そう》	快《かい》
理《り》	容《よう》	➡	器《き》	量《りょう》	➡	席《せき》	料《りょう》
海《の》	苔《り》	➡	血《ち》	糊《のり》	➡	内《うち》	法《のり》
私《し》	用《よう》	➡	気《き》	象《しょう》	➡	液《えき》	晶《しょう》

「目」がズラリ…

リストの漢字を一度ずつ使って□に埋めて、「目」で終わる三字単語を完成させましょう。

漢字のリスト

人　分　毛　皮　枚　茶　面
年　羽　所　肩　駄　鱈　面

百		目
真		目
余		目
八		目
御		目
板		目
素		目

刷		目
一		目
贔		目
不		目
出		目
三		目
下		目

解答

漢字のリスト

人　分　毛　皮　枚　茶　面
年　羽　所　屓　駄　鱈　面

百《ひゃく》年《ねん》目《め》	刷《は》毛《け》目《め》
真《ま》面《じ》目《め》	一《ひと》皮《かわ》目《め》
余《よ》所《そ》目《め》	贔《ひい》屓《き》目《め》
八《はち》分《ぶん》目《め》	不《ふ》面《めん》目《ぼく》
御《お》茶《ちゃ》目《め》	出《で》鱈《たら》目《め》
板《いた》羽《は》目《め》	三《さん》枚《まい》目《め》
素《しろ》人《うと》目《め》	下《げ》駄《た》目《め》

私は誰でしょう?

○に適当な漢字を当てはめ、四字単語を完成させ、当てはめた漢字9字から連想される人物の名前は?

人間○宝

越○入学

重厚○大

堅忍不○

豪○地帯

○士無双

百鬼○行

鍋○景気

亭主関○

9つの漢字から連想される人物は?

解答

川端康成《かわばたやすなり》

川端康成著の『雪国』の冒頭部分「国境の長いトンネルを抜けると雪国であった。夜の底が白くなった。……」から漢字のみを順に抜き出したもの。

人間国宝

越境入学

重厚長大

堅忍不抜

豪雪地帯

国士無双

百鬼夜行

鍋底景気

亭主関白

四字単語を推理しよう

例のように、矢印の方向に2つの単語をつなぐと四字単語になるような中央のマスの単語を推理しましょう。

例

田舎
↓
坂東 → 武者 → 修行
↓
人形

できる四字単語　田舎武者、坂東武者、武者修行、武者人形

❶

移動
↓
単純 → □ → 賃金
↓
寿命

❷

戸別
↓
会社 → □ → 販売
↓
看護

❸

国際
↓
公衆 → □ → 番号
↓
交換

❹

近代
↓
天下 → □ → 権力
↓
試験

❺

付加
↓
利用 → □ → 判断
↓
体系

解答

❶

	移動	
単純	平均	賃金
	寿命	

❷

	戸別	
会社	訪問	販売
	看護	

❸

	国際	
公衆	電話	番号
	交換	

❹

	近代	
天下	国家	権力
	試験	

❺

	付加	
利用	価値	判断
	体系	

隠された名所は？

並んだ語句を6文字の読みガナに書き直し、左から右へ書かれた名所を探しましょう。それを漢字に直すと？

不撓不屈
哺乳類
然別湖
火砕流
滑稽本
偏西風
積乱雲
大銀杏
四万温泉
竜髭菜

読みがなを入れてください

左から右へ書かれた隠された名所は？

解答

奥入瀬渓流《おいらせけいりゅう》

不撓不屈
哺乳類
然別湖
火砕流
滑稽本
偏西風
積乱雲
大銀杏
四万温泉
竜髭菜

↓ ↓ ↓ ↓ ↓ ↓ ↓ ↓ ↓ ↓

ア	シ	オ	セ	ヘ	コ	カ	シ	ホ	フ
ス	マ	オ	キ	ン	ッ	サ	カ	ニ	ト
パ	**オ**	**イ**	**ラ**	**セ**	**ケ**	**イ**	**リ**	**ユ**	**ウ**
ラ	ン	チ	ン	イ	イ	リ	ベ	ウ	フ
ガ	セ	ヨ	ウ	フ	ボ	ュ	ツ	ル	ク
ス	ン	ウ	ン	ウ	ン	ウ	コ	イ	ツ

花・木・鳥の単語

読みガナどおりに「花・木」または「鳥」の名前を含む単語をリストの漢字を使って作ります。リストに残った2文字に、「花・木」または「鳥」の漢字をつけると？

漢字のリスト

上	山	月	四	花	花	尾
見	板	界	郎	風	風	亀
魚	郷	落	源	賊	算	槍

蒲□　カマトト

藤□□　トウシロウ

□梓　ジョウシ

□柳□　カリュウカイ

□□葵　イタワサ

鳩□　ミゾオチ

鶴□□　ツルカメザン

□雁　ラクガン

□烏□　ヤリイカ

□□鶏　カザミドリ

□鳥□□　カチョウフウゲツ

リストに残った漢字２文字に
「花・木・鳥」の名前１文字を付けると？

解答

桃源郷

（中国の詩人・陶淵明の「桃花源記」を由来とする理想の仙境）

漢字のリスト						
圭	由	月	四	花	花	尾
見	板	界	郎	風	風	亀
魚	郷	落	源	賊	算	槍

蒲魚 カマトト

藤四郎 トウシロウ

上梓 ジョウシ

花柳界 カリュウカイ

板山葵 イタワサ

鳩尾 ミゾオチ

鶴亀算 ツルカメザン

落雁 ラクガン

槍烏賊 ヤリイカ

風見鶏 カザミドリ

花鳥風月 カチョウフウゲツ

つい、歌いたくなります

□に入る漢字を推理して、三字単語を完成させてください。
それらの漢字から連想される「歌」は？

①思□期
②平仮□
③紙□船
④□暖計
⑤U字□
⑥□宿梅
⑦讃美□
⑧□案顔
⑨蝉□雨
⑩胴間□
⑪□候補

□の漢字から連想される歌は？

ヒント 「日本の歌百選」に選ばれています。
冬が終わると……

解答

早《そう》春《しゅん》賦《ふ》

〔春は名のみの風の寒さや谷の鶯
歌は思えど時にあらずと声も立てず……〕

①思春期

②平《ひら》仮《が》名《な》

③紙風船

④寒暖計

⑤U《ゆー》字《じ》谷《こく》

⑥鶯《おう》宿《しゅく》梅《ばい》

⑦讃美歌

⑧思案顔

⑨蝉《せみ》時《し》雨《ぐれ》

⑩胴《どう》間《ま》声《ごえ》

⑪立候補

どんな漢字ができるかな？

ある漢字を書き順通りに一画ずつ分けて書いてあります。どんな漢字になるでしょう？

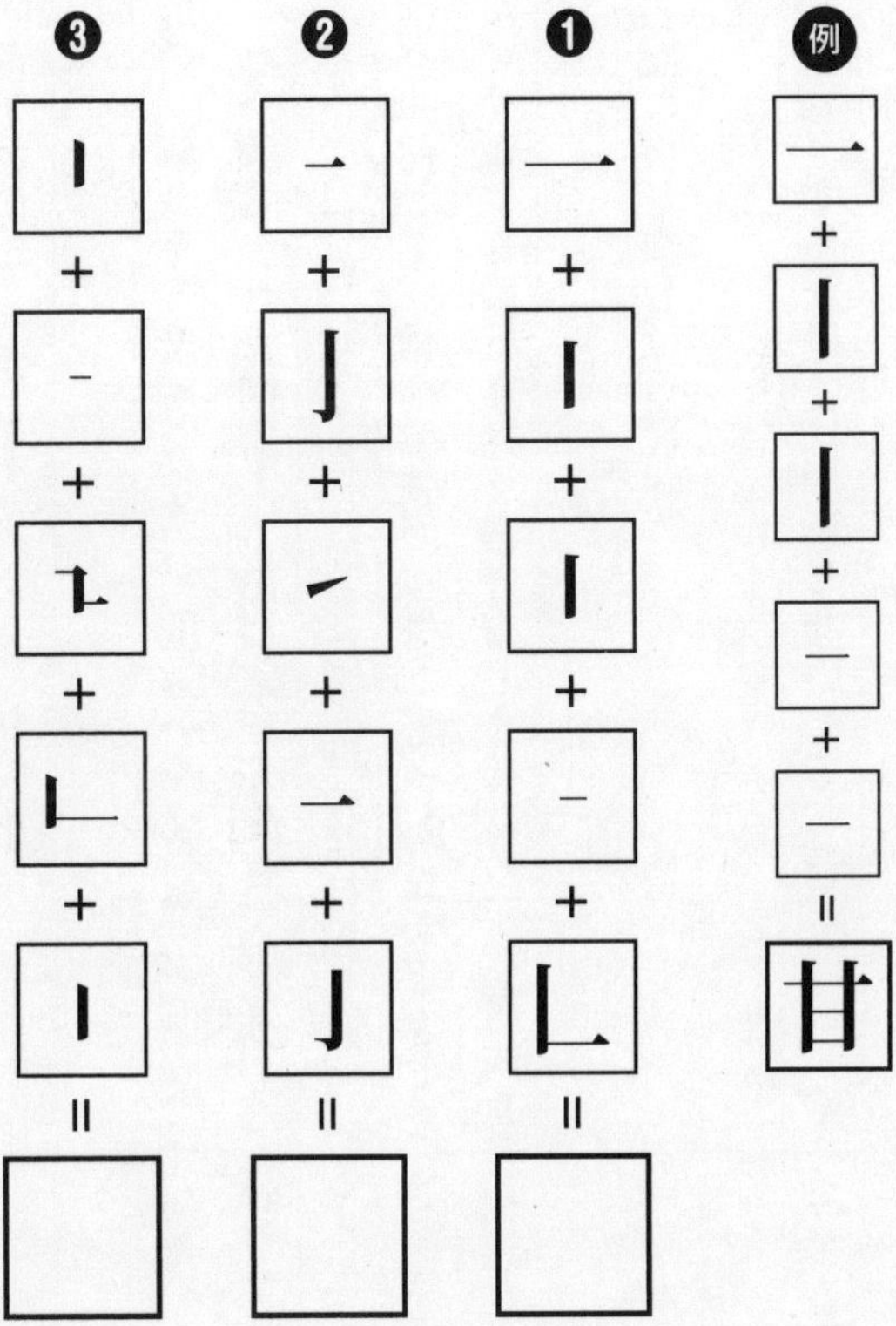

解答は239ページ

監修者あとがき

扨、此度の『解りそうで解らない　間違いやすい漢字問題』如何だったでしょうか。前《さき》に刊行された頗る売れた図書――出口宗和先生著『読めそうで読めない　間違いやすい漢字』シリーズに較べると稍、難易度を抑え目に編まれていると云う事だったんですが、中々如何して、結構手強い。併し、「なかなかどうして」を漢字で表記すると、斯う成るんですね。普段は斯様な書き方しませんので、可成り違和感有ります――

通常の表記に戻しましょう。

本書を「監修」するだけでは物足りないので、巻末に私＝やくみつるよりオリジナルの問題をご用意しました。

【問題1】

❶小A○

❷B星胡麻斑○

❸C木間○

❹D條鳳○

❺深山紋E○

❻FG小灰○

A〜Gには色を表す漢字が、○にはすべて同じ漢字が入ります。

《ヒント》○々、○々、菜の葉にとまれ♪

【正解は】

❶小紫蝶＝コムラサキ

❷赤星胡麻斑蝶＝アカボシゴマダラ

❸黒木間蝶＝クロコノマチョウ

❹青條鳳蝶＝アオスジアゲハ

❺深山紋黄蝶＝ミヤマモンキチョウ

❻黒緑小灰蝶＝クロミドリシジミ

いずれも昆虫少年なら、図鑑で見たことのある種類。ちなみに深山□蝶なら、「白」が入ります。

【問題2】では、地理の漢字問題もついでに次の国々の中で、1カ国だけ別の大陸にあるのは？ C、Eあたりが解きやすいかも。

A 加納

B 剛果

C 馬里

D 黒山

E 南蘇丹

F 布基納法索

【正解は】

D＝モンテネグロ　旧ユーゴスラヴィアの一部。欧州バルカン半島の国です。

A＝ガーナ、B＝コンゴ、C＝マリ、E＝南スーダン、F＝ブルキナファソ。

いずれもアフリカ大陸。こうなるともう、漢字の読み問題というより、中国語クイズですが……。

【問題3】シメにもう1問。私の得意とする大相撲から――

いずれも20世紀以降の幕内力士、ないし年寄名跡。中央A～Fに入る漢字は？

❶

	栃	
小	A	島
	洋	

❷

	成	
海	B	分
	響	

❸

	琴	
綾	C	松
	浪	

❹

	沢	
花	D	法
	風	

❺

	東	
宝	E/F	桜
	東	

EFは続けて読みます

【正解は】

A＝錦　錦島は年寄名跡。

B＝山　山分、山響も年寄名跡。海山＝かいざん　二所ノ関伝統の四股名。

C＝若　若松は年寄名跡。

D＝光　光法＝こうぼう　現年寄二子山

光風＝てるかぜ　昭和2年3月場所引退

EF＝富士

いずれも角通なら訳ない問題。

——なんて、あとがきに代えて問題を拵えてたら、もっと出題したくなってまいりました。では、続きは続刊（↑出版されるのか？）で!!

やくみつる敬白

表紙の解答	
	束子(たわし)
	細波(さざなみ)
	末枯(うらがれ)
	猟虎(ラッコ)
	外連(けれん)
	沈菜(キムチ)

諸行無情 ➡ 諸行無常
心気一転 ➡ 心機一転
才気喚発 ➡ 才気煥発

231ページの解答	
	①世
	②打
	③凸

スタッフ		
	表紙イラスト	◎やくみつる
	表紙デザイン	◎ヤマシタツトム
	本文デザイン/ DTPオペレーション	◎河石真由美(CHIP)
	問 題 作 成	◎橘 洸次
		◎小西隆之
		◎木村行孝
		◎田中 實(パズル製作)
		◎さとう敬子(パズル編集)

[監修者略歴]

やくみつる

1959年、東京生まれ。
早稲田大学商学部卒業。漫画家・エッセイストとして活躍するだけでなく、テレビ番組にコメンテーターとしても数多く出演している。趣味は多方面にわたり、珍品コレクター、昆虫採集、好角家として知られる。漢字に関する博覧強記ぶりは、クイズ番組『クイズプレゼンバラエティーQさま!!』（テレビ朝日）でいかんなく発揮され、初代漢字王に輝いた。日本昆虫協会理事、元日本相撲協会外部委員。

解《わか》りそうで解《わか》らない

間違《まちが》いやすい漢字問題《かんじもんだい》

2012年 6 月30日　初版発行

[監修者]　やくみつる
[編者]　大人《おとな》の漢字力検定委員会《かんじりょくけんていいいんかい》
[発行所]　株式会社 二見書房
東京都千代田区三崎町 2-18-11
電話 03（3515）2311［営業］
03（3515）2313［編集］
振替 00170-4-2639
[印刷／製本]　株式会社 堀内印刷所

落丁・乱丁本はお取り替えいたします。
定価は、カバーに表示してあります。
Printed in Japan.
ISBN978-4-576-12067-6
http://www.futami.co.jp